マンガ版

「好き」を仕事にして生きる

宝島社

マンガ版

「好き」を仕事にして生きる

堀江貴文［著］
中野一気［シナリオ制作］　備前やすのり［作画］
ネットマンガラボ［制作協力］

宝島社

はじめに

夢を叶えられる人が一握りである時代は終わった

〝「好き」を仕事にして生きる〟のは理にかなっている

まず、3頁の図を見てほしい。本書はこの**「次代の働き方の座標軸」**を解説する。これは、「市場」と「収入」の2つを軸にしたマトリクス図といわれるものだ。縦軸は、上に行けば行くほど市場が大きくなり（メジャー）、下に行けば行くほど小さくなる（マイナー・ニッチ）。横軸は、右に行くほど収入が高くなり、左軸に行くほど低くなることを示す。

理解してもらうため、そして、後述する「好き」を仕事にするというテーマの

次代の働き方の座標軸

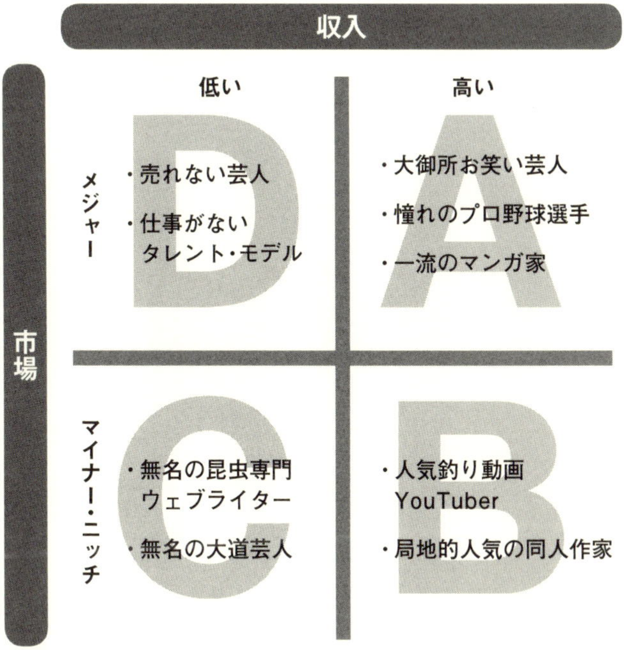
収入
低い
高い
市場
メジャー
マイナー・ニッチ
D
・売れない芸人
・仕事がない
タレント・モデル
A
・大御所お笑い芸人
・憧れのプロ野球選手
・一流のマンガ家
C
・無名の昆虫専門
ウェブライター
・無名の大道芸人
B
・人気釣り動画
YouTuber
・局地的人気の同人作家

ヒントにしてもらうために、エンタメ業界の仕事を例に挙げてみよう。
メジャーで稼げないDにいるのは、テレビ番組での活躍を夢見る売れない芸人や、芸能事務所に所属しているが仕事がほぼないタレントやモデルたちだ。メジャーで稼げるAにいるのは、司会までこなす大御所お笑い芸人や、プロ野球の第一線で活躍する野球選手、少年コミック誌で人気連載を描き続ける一流のマンガ家などである。
一方、マイナー市場で稼げないCにいるのは、たとえば昆虫についての雑学記事を専門サイトにアップする無名なウェブライターであったり、地方のある駅前でパントマイムを行う大道芸人などだ。マイナー市場で稼げるBにいるのは、たとえば100万人以上のチャンネル登録者を抱える釣り動画専門のYouTuberだったり、一部の層から絶大な支持を集める同人作家だったりする。
気づいてほしいのは、Aのポジションに行くことだけが成功ではないことだ。成功にはマイナー・ニッチな市場で食べていけるBのポジションに行く方法もある。そして、この**Bのポジションこそ、僕を含めた、天才ではないその他大勢の人が目指すべき、幸せな働き方だ**と思っている。

現在、保険営業という分野で働いている人がいたとしよう。もし、その保険営業でトップになることを目指すならば、それは日本で二十数万人いるといわれる保険営業マンの上位に行かなければならない。保険営業というメジャー市場でトップになるのは、**レッドオーシャン**で戦い勝つことを指す。これは、売れない芸人が、既にトップ芸人がポジションを独占しているテレビ業界の枠で活躍を目指すことと大差ない。そうではなく、もっと争いの少ないニッチな**ブルーオーシャン**の市場で戦うことを目指せばいいのだ。

そして、そのためには、本書の題名にもなっている〝「好き」を仕事にして生きる〟ことが、何よりも理にかなっているということを、僕はこのマンガを通じて証明したい。

「次代の働き方の座標軸」の具体的な渡り方を提示する

なお、本書は、この「次代の働き方の座標軸」の概念を説明することだけを目的としていない。なぜならば、知識は使われなければ意味も価値もないからだ。

僕は常に**「行動することだけが価値を持つ」**と言い続けている。

そのため、僕は、このマトリクスの中を移動して、皆に幸せに働いてもらう具体的な秘訣と方法を提示するつもりだ。先に結論をいうと、**今現在、Dにいる多くの人たち、つまりレッドオーシャンで戦っている人たちに、まず市場がニッチなブルーオーシャン（C）に飛び込んでもらい、そこから、Bに行くことを目指してもらう、そのきっかけを作り出そうと思っている（7頁の図参照）。**

一方、日本を見渡せば、そのような働き方をしようとする人はほとんどいない。これは、子どもの頃から学校教育を通じて、レールから外れない生き方を教え込まれるからだ。偏差値の高い学校に行き、一流企業に就職し、好きかどうかも関係ない仕事をこなしながら、安定した生き方をする。長らく、このようなことが善しとされてきた。

しかし、本書を手に取った読者であれば、「そんな働き方で幸せなのだろうか」と疑問を感じてきたはずだ。

加えて、そんな疑問を抱く以前に、既にそんな旧来の働き方・生き方は、望んでもできなくなっていることにも、皆気づいているだろう。人口と経済が右肩上がりに増えていく時代は、終焉《しゅうえん》を迎えた。大手企業だって、何千人単位でリスト

次代の働き方の座標軸はこう渡ろう

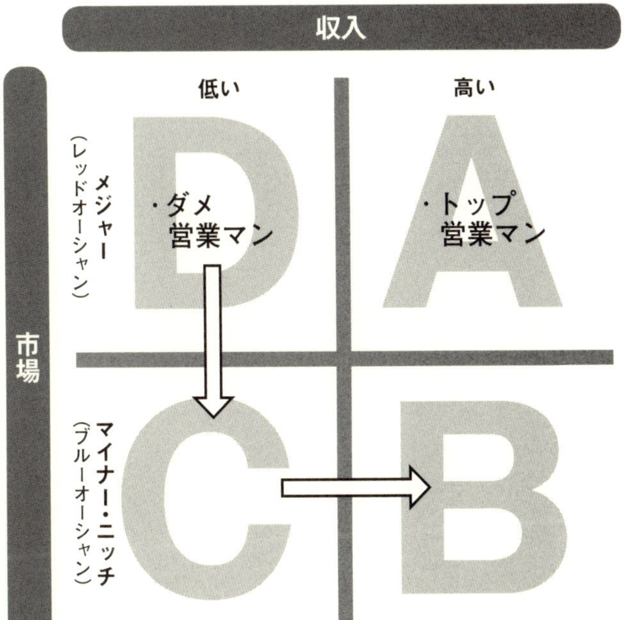

ラすることもあれば、会社自体が潰れたり、他社に吸収されることもある。皆が知っている大手企業に勤めても、生涯安泰とはいえないのだ。

さらに、機械が単純労働をこなすようになってから時は経ったが、現代はＡＩ（人工知能）が知的な労働までもこなしてくれる時代に突入している。そんななかで、働き方だけが、学校教育をベースにした、我慢や忍耐が前提の旧来のスタイルのままであれば、今後、失敗してしまう可能性は、自ずと高くなっていくだろう。

楽しく、幸せに生きることを目指すだけ

では、僕らはどうするべきか。答えは単純で、**楽しく、幸せに生きることを目指せばいい。**

僕をあまり知らない読者であれば、僕のことを未だに成金主義とか金の亡者だと思っている人がいるかもしれない。しかし、本書でも伝えるが、大切なのは、大金を稼ぎ出すことでも、生活を維持するためにきゅうきゅうとした気持ちで働き続けることでもない。

ただ、好きなことをして生きていく。それこそが、僕が提唱する働き方の新常識だ。

先に、右肩上がりの時代は終わったといったが、**夢を叶《かな》えられる人が一握りである時代も終わったことを指摘しておきたい。**今は技術革新によって、旧態依然の成功とは違った形の成功が誕生している。好きなこと・遊びを仕事にすることは、決して難しくはない。僕の周りは、既にそのような人で溢《あふ》れている。皆幸せそうな顔をして暮らしている。

本書はそのような働き方を皆にしてもらうために、上梓《じょうし》した。なお、マンガという形で出したのは、最速でコアなところを学べるようにするためだ。物語は、退屈な日々を過ごしていた主人公の佐藤将太（28）が異世界転生してしまうところからスタートする。将太は異世界で、どう生きていくのか。

読者の方々から、マンガから新たな働き方のヒントを学び、即行動に移す人が出てくれれば、著者として嬉《うれ》しい限りである。

堀江貴文

マンガ版「好き」を仕事にして生きる　目次

QUEST 01

「働き方1・0」をアップデートせよ

佐藤寿司
こらぁ！将太！
なんだよ親父…驚かすんじゃねぇよ今ボス戦中だぞ
またお前はサボってゲームばっかりやりやがって！
佐藤将太(28)
主人公(非モテ)
寿司職人見習い

まったく いつまでも そんなんで!
プルルルル
修業も まともにしないし このままじゃ うちも潰れちまうな
ハイハイ わかったから 電話出ろよ
へい…へい… ああ 毎度どうも
はー… だりー
寿司職人なんて やりたくてやってる わけじゃねーよ
将太! 出前入ったぞ! 角の落合さんの ところだ 行ってこい
はあ? 今ちょっと 忙しいんだけど?

早く行け！
へいへい
ズッ
親の寿司屋を継げといわれるも寿司職人としては半人前
本当はなりたかったパティシエの道も親の反対で諦めたサボってゲームばかりの日々だ
俺の人生このままでいいのかな…
中高はあれほど野球を頑張っていたのになぁ…

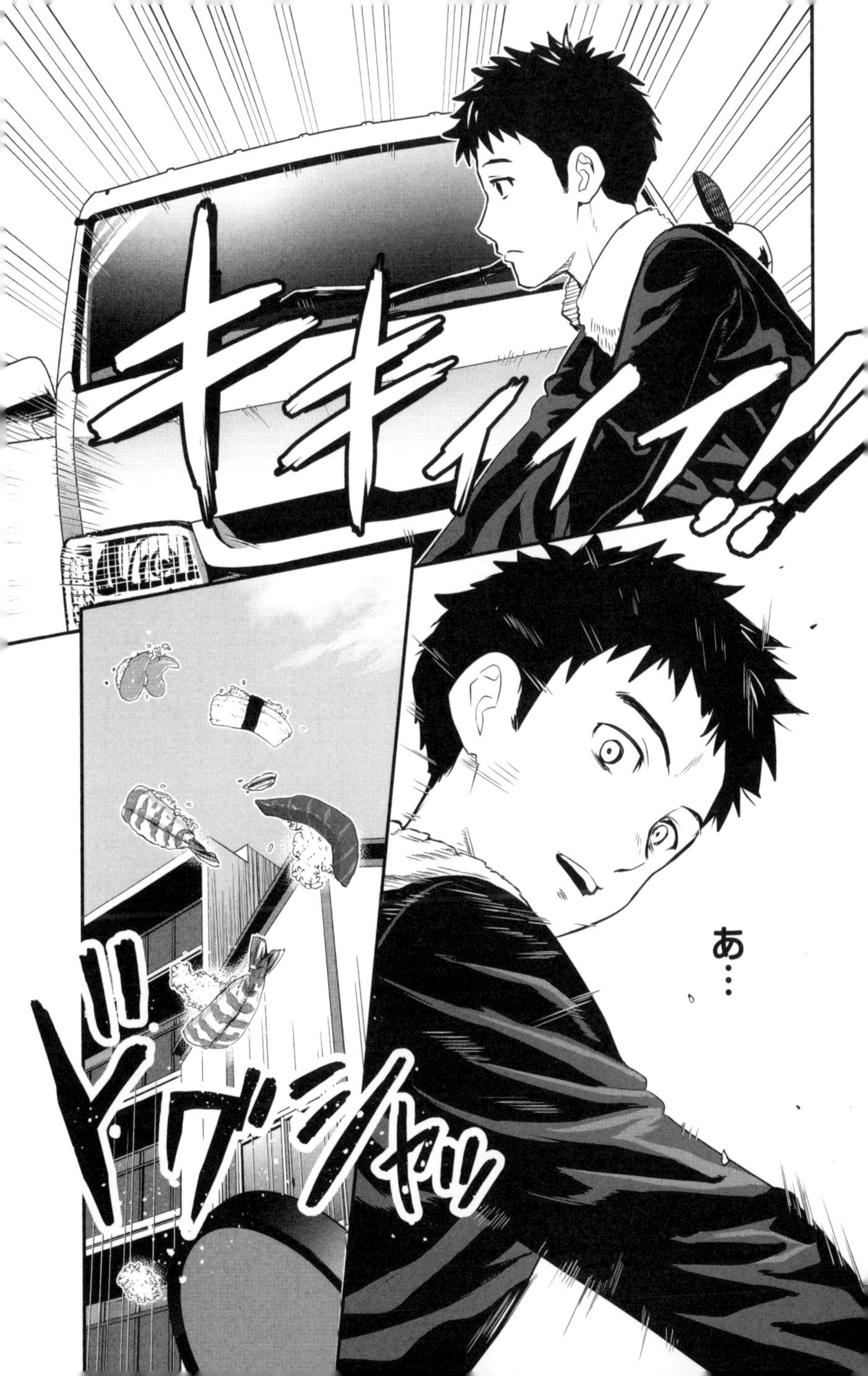
キキィイ!!
あ…
ドグシャッ

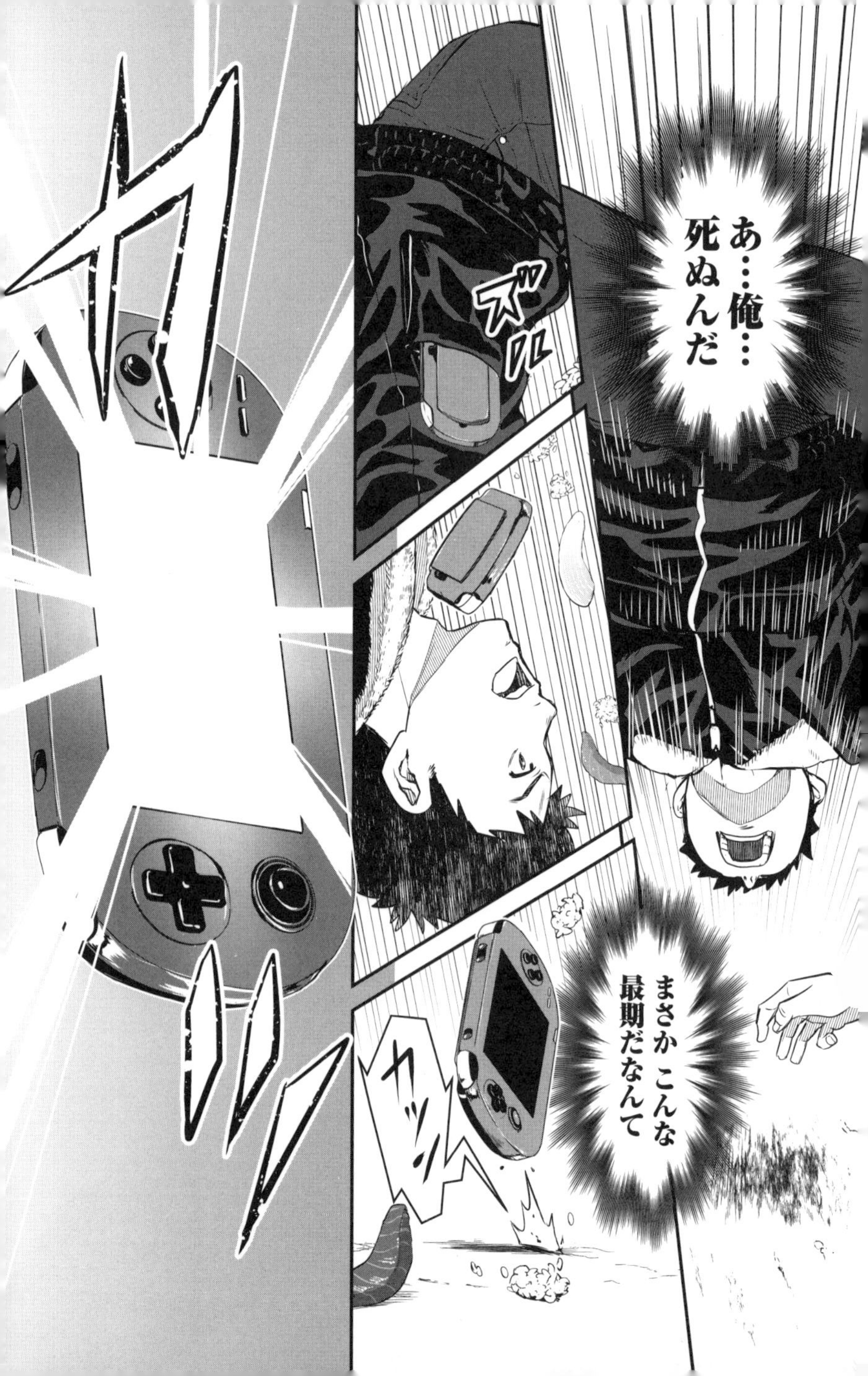
あ…俺…
死ぬんだ
ズル
まさか こんな
最期だなんて
カッ

ん…痛てて
生きてるのか俺？
なんだか
野次馬が
騒がしいな
おーい
こっちこっち
あ〜写真
撮られたり
してんだろうな
うわ
ひどいな
コレ
アハハ
って誰だよ
笑ってんの
ガバッ
ーーオイッ!!
人が酷い目に遭ってんのに
何笑って…

なんだあいつ？
しっ駄目よ目合わせちゃ
な…
な…
ななんだこいつらの格好？
ってかどこだよここ⁉
おいおいどーなってんだよこれ…

なんだこれ？
武器？
サビた剣
サビた斧《おの》…
革の盾に
こりゃ
こん棒か
ちょっと
ボロっちいけど
全部本物だ！
でもなんか
見覚えがある
ような…

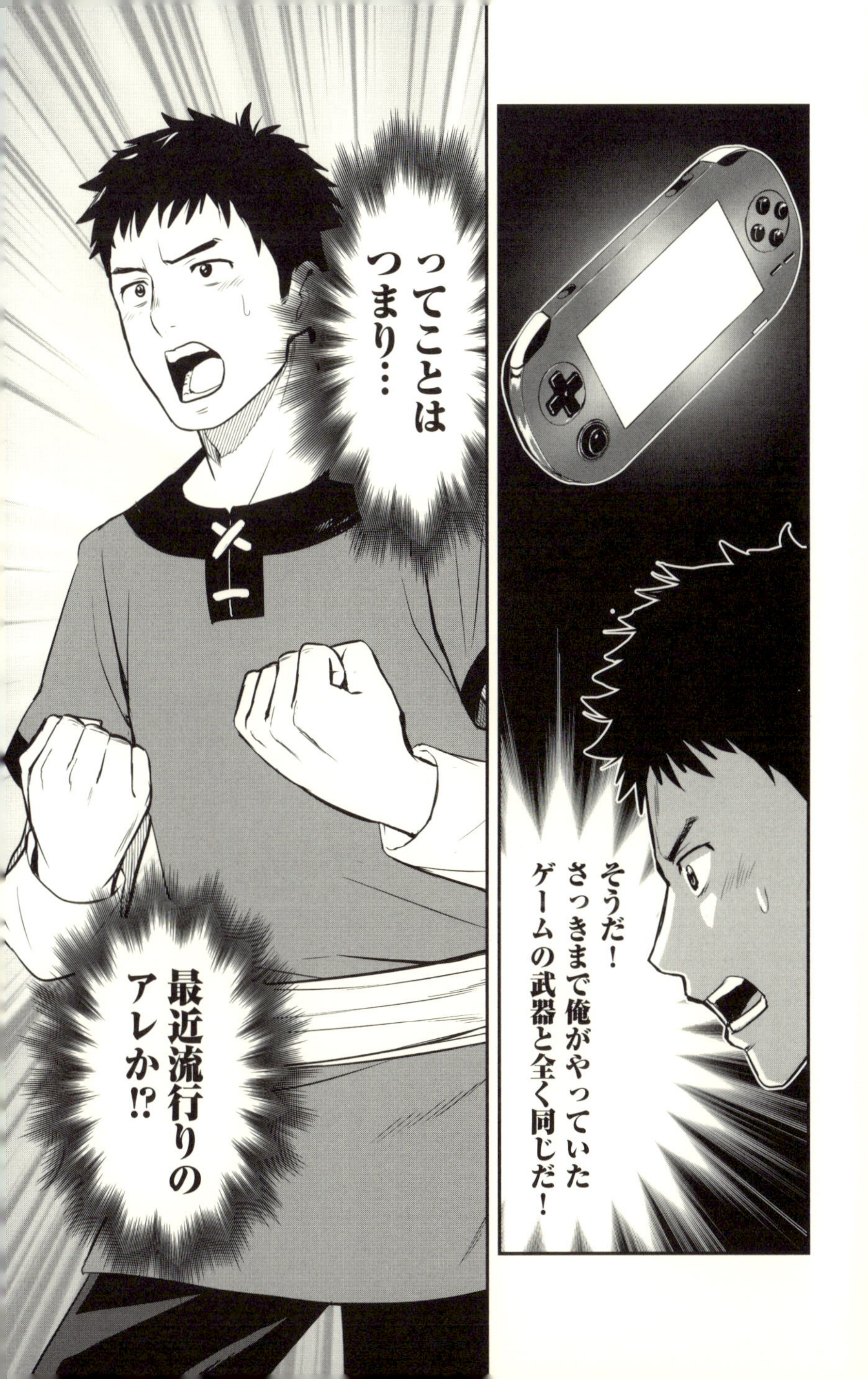
そうだ！
さっきまで俺がやっていた
ゲームの武器と全く同じだ！
ってことは
つまり…
最近流行りの
アレか!?

ゲームの世界に異世界転生したってことか!?

マンガ版

「好き」を仕事にして生きる

堀江貴文［著］ 中野一気［シナリオ制作］
備前やすのり［作画］ ネットマンガラボ［制作協力］

しかし
この武器は一体…
そういえば
ここにいる人たち全員
どうして武器を売ってるんだ…？
それは
みんな
あなたと同じ
武器商人ですから

突然すみません
先ほどから何やら混乱していらっしゃったようなので…
私マカロンといいます
かわいい子キター!!
えっあっいやいや!大丈夫!ありがとう
あ俺将太っていいます

あのぅ お隣空いてますか？ 商品の補修してたら 場所取り 遅くなっちゃって…
あ どうぞどうぞ
ねえ さっき いってたけど
ここにいるのが 全員武器商人 ってどういう——
ゴト…
え？
って君も 武器商人かよ!?
マカロン
見習い武器商人

ということは
あっちも
こっちも
みんな
武器商人!?
バグってんじゃねーか!?
この世界…

こんなゲームじゃなかったはずだぜ
私たちはその中でも最下層の武器商人で
はあ⁉転生モノって主人公の勇者になるとかチート能力があるのが鉄則じゃねえのかよ⁉
転生？チート？
よくわかりませんが強くなるのでしたら
私たちは武器商人として成り上がるしかないかと…
ぐ…
いやそんなはずはない
グッ
職業が武器商人でも実はめちゃくちゃ強いとか…
スラッ
とんでもない隠された能力があるとか

痛っ
バチッ
ななんだ
カラン
カラン
!
ブンッ
な
なんじゃこりゃあぁぁ
武器商人は
サビた剣を
装備できません

無茶ですよ
私たちは
プレイヤーキャラじゃ
ないんですから
なるほどな
つまりこの世界で
生きていくためには
武器商人として
成功しないと
いけないってことか…
くっそー
なら売って売って
売りまくってやる!
数時間後—
売れねえ…
俺って
武器商人としても
駄目なのかよ
いえ
売れないのは
あなたのせいじゃ
ないと思います

武器を卸す元締めに
ビターという男がいて
その傘下にいる正規の武器商人には
良い商品が回ってくるのですが
私たちのような
傘下に入れない非正規の武器商人には
質の悪いものしか回ってこないんです
この地域の武器の流通は
すべてビターが握っているので…
ビターに
逆らえる人は
誰もいません

はあー
よりによって
なんで俺が
武器商人なんだよ
仕方ないですね
これが
運命ですから
武器商人の
元締めなんて設定も
このゲームには
なかったはずだけど
見たところ
レストランや宿屋など
他はバグっていないようだ
非正規の武器商人は
長時間労働して
やっと一食分が稼げる程度
それが当たり前になり
武器商人はジリ貧状態
ダンピングまでもが起こって
完全なブラック業界になっていた

キャハハハッ
アハハ
よーし じゃあ中央広場のカジノに行こうか！
ワイ
ワイ
ワイ
賛成——!!
なんだあいつ？ 遊び人か？
このゲームにそんなジョブあったっけ？
私たち武器商人はプレイヤーではないですからモンスターを倒せません
武器を売る以外に生きる術もありません

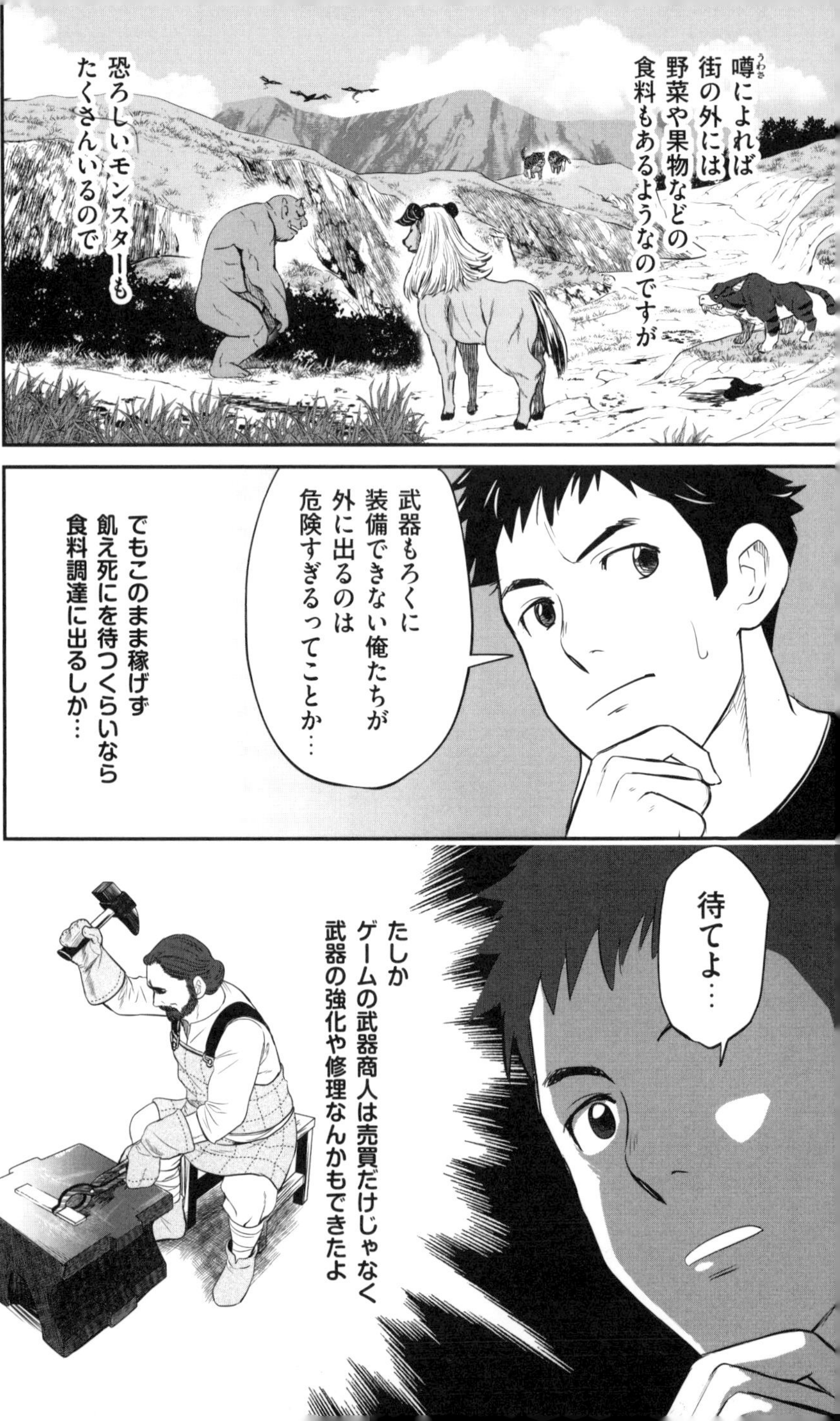
噂《うわさ》によれば
街の外には
野菜や果物などの
食料もあるようなのですが
恐ろしいモンスターも
たくさんいるので
武器もろくに
装備できない俺たちが
外に出るのは
危険すぎるってことか…
でもこのまま稼げず
飢え死にを待つくらいなら
食料調達に出るしか…
待てよ…
たしか
ゲームの武器商人は売買だけじゃなく
武器の強化や修理なんかもできたよ

マカロン！
俺 明日街を
出てみるよ！
ガタッ
そんな
危険ですよ！
私の話聞いてました？
武器商人は
売り物の武器すら
装備できないんですよ！
わかってる
俺たちでも
装備できる武器なら
いいんだよな

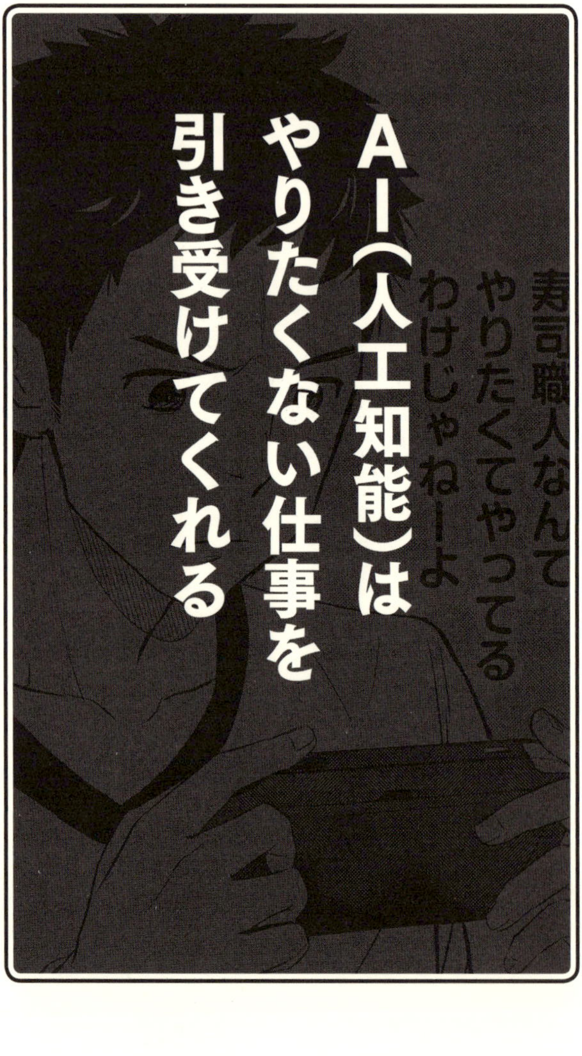

AI（人工知能）はやりたくない仕事を引き受けてくれる

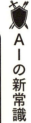

AIに仕事を奪われる人、奪われない人

ＡＩ（人工知能）の進化が加速している。自動運転技術や電子決済、シェアリングエコノミーなど、ＡＩ技術が関わる分野のビジネスは盛んだ。次代の社会のインフラを支える根幹技術といっても過言ではないだろう。

しかし、２０１３年に「今後ＡＩやロボット技術により、20年以内にアメリカの総雇用者の47％の仕事が自動化される」という英オックスフォード大学の研究結果が発表されて以降、「自分の仕事が奪われるのではないか」と拒否反応を示す人たちが出現した。ＡＩの脅威を訴えた書籍やネット記事は枚挙にいとまがない。

そんな人に僕は問いたい。

「あなたは何のために働いているのか？」と。

「生活のために働いています」「家族を養うために働いています」。そう答える人であれば、残念だが、ＡＩから仕事を奪われる側になるだろう。金銭を得るために、仕方がなくその仕事をしているのならば、ＡＩの出現に戦々恐々とするしかない。

しかし、僕の問いに、「楽しいから」「好きだから」と答える人であれば、ＡＩの出現を

恐れることはない。そして、本書は、読んでくれた人が今後、「楽しいからしている」「好きだからしている」と胸を張っていえるような仕事を見つけ出し、それで生きていくために行動してもらう、その一助となるために刊行した。

AIは人と違ってストレスを抱えない

なお、「好きなことを仕事にしたい」「楽しいことを仕事にしたい」と思っている人であれば、AIの出現はむしろ歓迎すべきことになるだろう。なぜなら、AIは、僕らが「やりたくない」「面倒くさい」と思う仕事を引き受けてくれる味方となるからだ。

たとえば、AIに取って代わられるといわれている仕事にコールセンター業務がある。離職率の高さと人手不足が深刻な業界だが、ユーザーからのクレーム処理のストレスでうつ病になる従業員も少なくない。何十人何百人からクレームを受けていたら、精神的に参ってしまうのもわかる。

過酷な業務だが、AIを搭載した機械であれば、ディープラーニング（深層学習）によって、クレームの傾向とその対策・アドバイスをどんどん学んでくれる。結果、顧客満足度の高い対応を、すべてのユーザーに提供できるようになるのだ。

しかも、現在は、多くのユーザーが、電話をかける際にプッシュ式入力の面倒くささや電話が繋がるまでの待ち時間に辟易《へきえき》している。これも、ＡＩに代われば、ユーザーは開口一番、いきなり要件を話し始めても、たらい回しされることなく、即座に適切なアドバイスを聞ける。

ＡＩは、ユーザーからどんなクレームや無理難題を投げかけられても、挫けずにストレスなく対応してくれる、最強のベテランコミュニケーターになるわけだ。

なお、**AIがさらなる進化を遂げるには、僕は「手」が必要だと思っている。**詳しくは拙書『僕たちはもう働かなくていい』（小学館新書）を読んでほしいが、たとえばＡＩロボットが手を持てば、家の片付けというストレスフルで面倒な家事も任せられる。

今も床を綺麗《きれい》にするお掃除ロボットはあるが、床に散らかした本を本棚に戻したり、脱ぎ散らかした服を洗濯機に入れたりといった「手作業」をしてくれるロボットはいない。手を持てば、この面倒な仕事を引き受けてくれるのだ。

家の片付けをなくしたら、それまでやらざるを得なかった主婦たちが「仕事が取られた！」と怒るだろうか。きっと、喜んでその仕事を丸投げするはずだ。

「好き」を仕事にすることで
満足できる金銭が
稼げる時代

辛く耐えられない仕事を辞めないのは社会にとってもよくない

マンガでは、主人公の将太は、親の寿司屋を継ごうとしてる状態だった。本当は、パティシエになることを夢見ていたが、親が反対したというだけで意気消沈してしまい、それに従ってしまったのだ。

将太にとって、やる気が高まらない寿司職人の道を歩むことは、苦行だったのだろう。暇つぶしにゲームばかりをする日々だったが、そんなある日、将太は自分が遊んでいたゲームに異世界転生してしまったようだ。

しかも、勇者や大魔導士のようなキープレイヤーではなく、単なるノンプレイヤーキャラの武器商人として転生してしまう。さらに、その異世界では、武器商人という職種が溢れるバグが起こっているようだった。

現実の世界を見ても、好きなことがあったのに、周りに流され進学し、就職し、情熱を傾けるほど好きでもない仕事を日々こなしている人がたくさんいる。しかし、AIや技術の進化によって、次代は、面倒だと思う仕事、やりたくないと思う仕事をやらなくて済む環境が整うだろう。これは、人が苦痛な労働的仕事から解放されることを指す。

そうなれば、人間は何をすべきか。**ただ、自らがやりたいこと、好きなことに没頭すればいいのだ。**

こう指摘しても「たとえ仕事が辛くても辞めるなんてできない」と反論する人がいる。マンガの中でも、主人公が非正規武器商人に転生したことを嘆いていると、同じく非正規の武器商人・マカロンが「仕方ないですね。これが運命ですから」と諦める場面があった。辛い仕事を辞められないと嘆いている人は、このマカロンとまったく変わらない。

僕は、違法な長時間労働や残業代未払いなどを続けるブラック企業で働く人に、「嫌なら辞めればいい」と公言している。すると「堀江は何もわかっていない。声を上げられない人もいる」といった批判で炎上する。

しかし、僕からいわせてもらえば、辞めない人がいるからこそ、ブラック企業がのさばるのだ。働いている会社がブラック企業ならば、まず自分から率先して辞める。皆がそう心がけることで、働き手がいなくなるブラック企業は駆逐される。その職場で環境改善を目指すなど、無駄な時間と手間を費やす必要はない。損切りして、すぐさま辞めることが、ブラック企業の駆逐という社会貢献にもなるのだ。

「働き方1・0」をアップデートせよ

皆が働く環境が苦しくても辞めないのは、生真面目だからだろう。しかし、真面目に生きてさえいればいい時代は、右肩上がりの社会の終焉とともに終わったのだ。そんな「働き方1・0」をアップデートしなければならない。

次の時代で評価されるのは、多少不真面目であっても、新たな価値観を生み出せる人だ。そのためには行動するしかない。

そして、働く上で建設的に行動することこそ、「好き」を仕事にすることなのだ。自分が興味のあることやアンテナが立ったものについて、アクションを取ってみる。誰かの命令で動くのではない。斜に構えず、素直に自分の内から湧き上がってくるその欲求から動いてみよう。

しかも、**「好き」を仕事にすることで、結果的に今はある程度満足できる金銭まで稼げるようになっている。**

次章以降で、その具体的なやり方について、マンガで解説していきたい。

QUEST 01 Column

皆さんはじめまして。「天の声」と申します。
天の声とは何かと？　あれでございます。よくＲＰＧでレベルが上がったときに「スキル、水刃を習得しました！」などと説明する、あれでございます。
本作でも、「武器商人はサビた剣を装備できません」というセリフで登場させていただきました。年中無休で皆さんのために大切なお仕事をさせていただくことが喜びでございます。以後、お見知りおきを。
さて、ＲＰＧの世界に限らず、人は存在する世界のルールを知っていると、その範囲でできることを考えるものでございます。
逆にいえば、そのルールを知らないと、何も新しいことをしない人も多いようで……。武器商人が供給過剰なこの世界でも、与えられた世界だけで生きようとする人が多うございます。

将太さんは、武器商人が武器の売買以外にも武器の強化や修理もできることを予めご存知でした。そして、それだけにおさまらず、何かもっと他のことができるんじゃないかと考えられたようです。
このように、すぐ行動に移す方は、わたくしの経験では１００％中わずか１％の出現率。残り99％の方々は、与えられた状況から飛び出る行動を取りません。この世界でも、わたくしの上司のあの方は……まぁ常に飛び出られた行動を取られるのですが、将太さんもその意味では、珍しい１％側の方でございました。
誰もが新たなアクションを起こさず、同じルーティンワークを繰り返すなかで、別の行動を起こす１％の人はとても目立ちます。彼がこれからどんなことをこの世界でするのか。わたくしも楽しみにさせていただきたいのでございます。

QUEST 02

「好き」を とことん突き詰めろ

おおー
まさに冒険って感じのする装備だぜ！
すみませんこんな装備しか用意できなくて…
いや心強いよ助かる！
あの気をつけてくださいね
わかってる！危険だと思ったらすぐに逃げてくるさ
行ってくるよ！

ズン
ズン
ズン
…マジか
くっそ〜
このフィールドが
こんなにモンスター
だらけだとは
武器商人の
商売道具で
なんとか倒せない
かと思ったけど
考えが
甘かったぜ

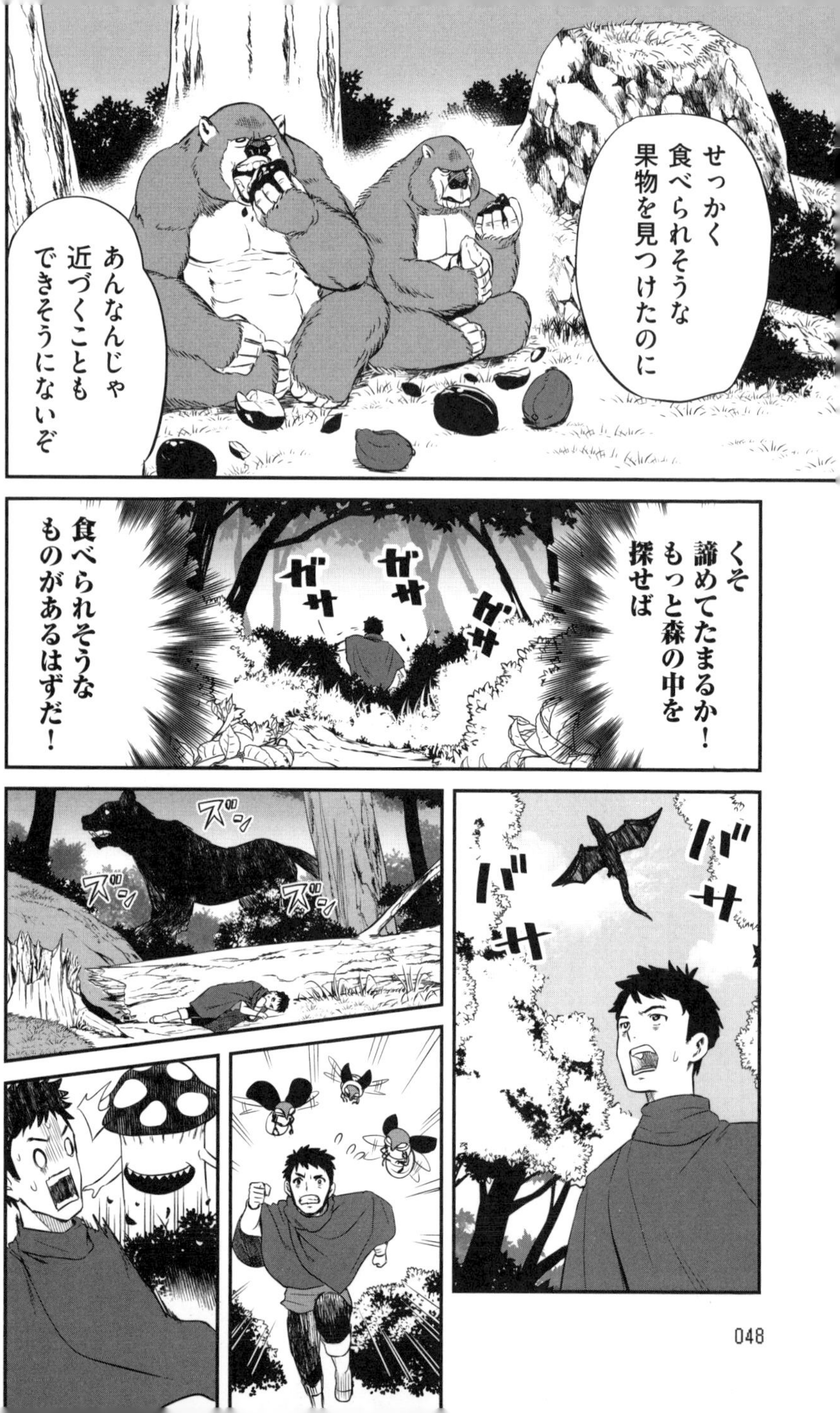
せっかく
食べられそうな
果物を見つけたのに
あんなんじゃ
近づくことも
できそうにないぞ
くそ
諦めてたまるか！
もっと森の中を
探せば
ガサ
ガサ
ガサ
食べられそうな
ものがあるはずだ！
バサ
バサ
ズシン
ズシン
ズシン

ダメだー!!
果物の近くには モンスターが 巣食ってたり
キノコとか植物の モンスターに 逆に食われそうに なったり
まともに 戦えないって こんなにも ハードなのか
ハラへった…
ぐ〜
せめて弱そうな モンスターを倒して 金が手に入れば…
!?
ビクッ
ガザザッ
プルン

スライム!!
ゲームじゃ最弱モンスターの代名詞みたいなもんだけど…
グッ
こいつならいけるか!?
ジリ…
おりゃあ!!
バッ

ドスッ
ヘタァ
やった!!
こいつならいけるぞ!!
ブン
将太はスライムを倒した！
おわぁ!?
また出た!!
将太はスライムを倒した！しかし経験値は得られなかった！エモンも得られなかった！
ってなんじゃこりゃあぁぁ

くっそ！
武器商人にやる
経験値も金も
ないってか!?
プレイヤーキャラ
との格差ありすぎ
だろ！
じぅー
駄目だ
落胆したら
一気に疲労が
ガク…
最悪
このままじゃ
飢え死に…
そういや
この世界で
死んだら
どうなるんだ？
スライム…
よく見たら
ゼリーみたいだな
案外
いけるのでは…？
プル
プル

ええい
恐れるな!!
初めて
ナマコ食った人も
こんな心境
だったのかもな
カプ
これは…

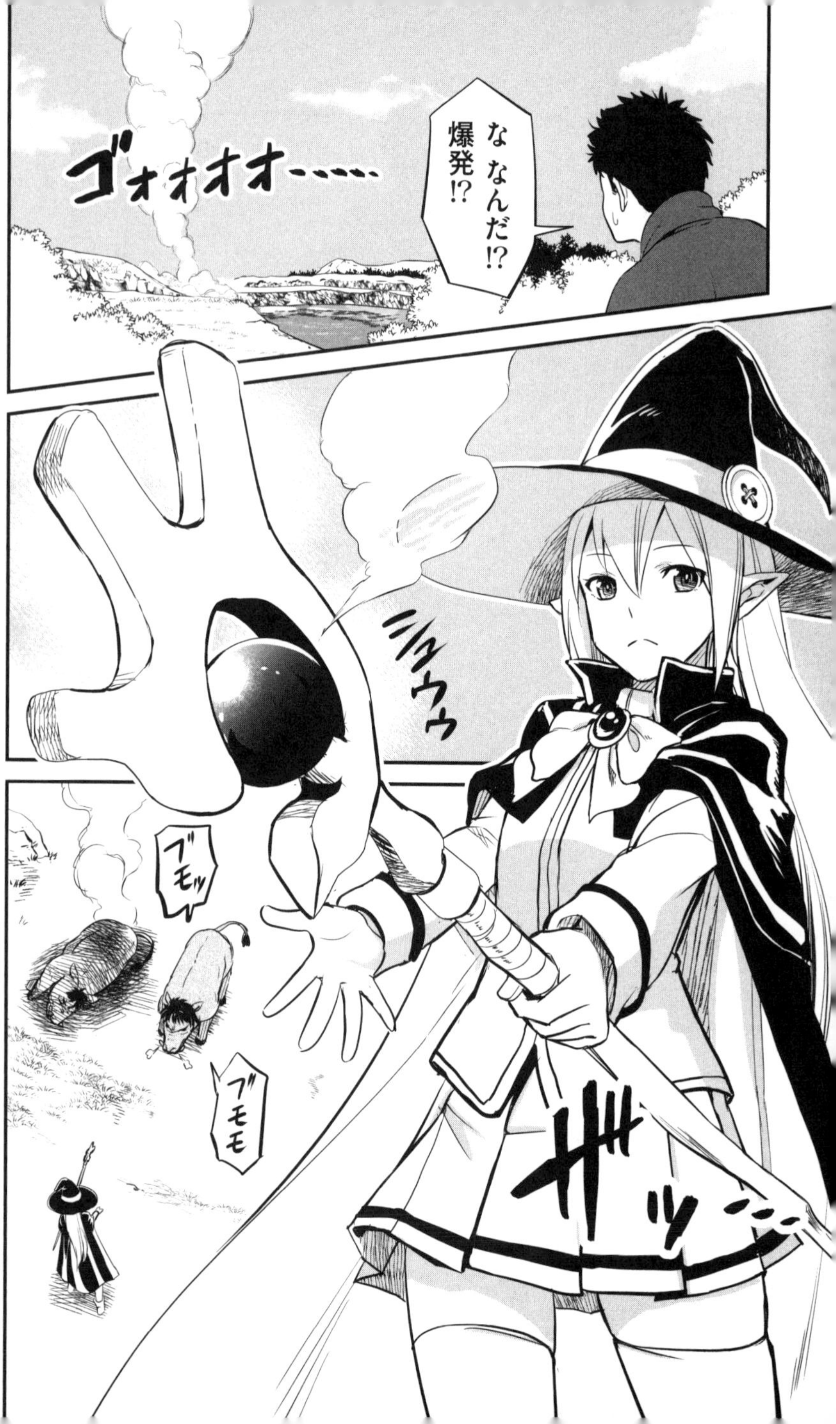
なななんだ!?
爆発!?
ゴォオオオオー……
シュウウ
ブモッ
ブモモ
ザッ……

ブモオオッ
パリ
パリッ
ドン

ドサッ
ブモ～ッ
ドォオオォン
ザッ
うひょ～…
ザッ
ザッ
ザッ
ありゃ
かなり上位の
爆発魔法だな
これが
プレイヤーキャラの
実力というものか…
それに比べて
俺は…っ！
本来なら俺も
あっち側の
はずなのに
どうして
こうなった…

はあ…力もない
おまけに
経験値も金も
手に入らない
武器商人
としても
底辺
詰んでないか
これ…
パシャン
魚!!

ビチ
ビチ
ビチッ
よっしゃ!大漁大漁!
くっそー なんで早く気づかなかったんだ
ビチ
ビチ
ビチ
そういえば このゲーム 水系モンスターは イベントボスの 水竜くらいだ
魚はあくまで イベントの釣りで 手に入る 素材扱いだしな
陸のモンスターみたいな 凶暴性もないし
道具が万全とは いえないけど ノミと千枚通し 借りといて よかった…
マカロンに 感謝だな
よし 元の世界の魚と ほぼ一緒みたいだ
…一応 炙《あぶ》っておくか
パチ
パチッ

よし完成！
異世界炙り刺身！
ガブッ
うめぇっ！
味もリアル世界とほぼ同じだな
ザッ
へぇ炙り刺身か？
パリッ
パリ

うまそうなもん食ってんじゃん
俺はホーリーよろしくな
あの時の遊び人…
ホーリー
遊び人
なあ
俺にも味見させてよ
あどうぞ俺将太です
おうまいじゃん
獣肉とは全然違うな

将太…ここはさぁ娯楽にしろ食事にしろ
みんな変化に乏しいっていうか
あまり新しいものが生まれない環境なんだよ
？はぁ…
なぁこれ売ってみれば？
いやいや
俺武器商人ですし
？
カンケーないじゃん
どっちも売れば？

昼飯 どうすっかなぁ この辺の料理はもう食い飽きた感あるし…
おい なら魚食いに行こうぜ
魚? んなもん出す店あったか?
武器屋だよ 今 評判らしいぜ
武器屋!?
なんで武器屋がメシを? しかも魚?
いらっしゃい いらっしゃい!
魚の刺身! いかがっすかー?
活きが良いツリメトビアユの刺身だよー!
バン!!

おう
セシミー２つ！
はまっちまったぜ
はい毎度！
20エモン！
ついでにサビた盾はどうです？
この上で焼くとさらに香ばしくなりますよ
ほんとかよ〜
商売上手だな
まいーや丁度盾も欲しかったしな
チャリ
チャリ
チャリーン
毎度あり！
すごい人気ですねセシミー
サシミなんだけど…
マカロン
ごめんね手伝わせちゃって
本当助かるよ
いいんですどうせ武器は売れないし…

あの人の
おかげだな〜
これなら特技で
飯が食っていけるな
……
ヒソヒソ
次の日
なんで今日は
こんなに
売れないんだ！

昨日はあんな順調だったのに
なんでだ？
将太さん大変！
タタタタタ
マカロンどうしたの？そんな慌てて
中心街の正規の武器商人たちが…
みんな将太さんの真似して大量にお魚売り出してます！
!!
さあさあ安い！安いよ！
今流行りのセシミーがうちならどこよりも安いよー！
なんと5エモン！
まだ食べてない人はこの機会にどうだい！

ついでにこちらのサンダースピアもお買い得だよ！
魔力を帯びた強力な槍《やり》だ！
くそ…元から扱う武器のクオリティじゃ相手にならないってのに
魚も俺のところよりも安く売ってる…
普段から繁盛してる正規店だ魚は赤字覚悟であくまで客寄せの手段にしているのか
安いよ安いよ！
今なら武器もお買い得になってるよ！
話題のセシミー大安売り！
早くしないとなくなっちゃうよ！

マジかよ…
魚を売る武器商人は
正規非正規問わず
どんどん増えていって
街全体の流行になった
しかし時が経つと
安いうえに
高品質な武器もそろう
ビター傘下の正規の武器屋に
人気が集中し
俺たち非正規の武器商人は
以前より苦しい状況に
陥ってしまった

はあ…
お客さん来ないですね…
さすがにあんだけ派手にやられたらなあ…
はーあアホくさ
マカロンちょっと店見ててくれ
散歩してくるわ
まどーせ誰も来ないけどな

将太さん…
へいらっしゃい
らっしゃい！　そこの人！
セシミーは
もう食ったかい
今なら
安いよ！
くそっ…
どいつもこいつも
俺が最初に始めたんだぞ！
それをパクりやがって！
やってられるか！
とんだ
クソゲーだぜ！

あーあ
せっかくいいアイデアだったのにすっかりやられちゃいましたね…
ほんとだよ せめてもう少し稼がせてくれりゃあな
お金儲《もう》けは難しいですね
チャッ チャッ チャッ チャッ チャッ
……
チャッ チャッ チャッ チャッ チャッ チャッ
さっきから何してるんですか？
え

うん…
ちょっとね
え？
何なに？
見せて
くださいよ
いやほんと
なんでもないし
ただの
自己満だから
いいじゃないですか
ちょっとくらい！
見せてくれなきゃ
もう寝床貸して
あげませんよ！
そ…
それは困…
あっ！
タプッ
わっぷ
ドパッ
わっ！
ごっ
ごめん！
早く洗わないと…
髪がベタベタに！
トロ〜
え
これって…
スライム？

どうしてスライムなんてかき混ぜてるんです？
いやこの前フィールドに出たときお腹空きすぎてスライムをかじってみたらさ
え スライムを？
すっごく甘かったんだ食感も悪くなかった
だからこれでお菓子なんか作れないかなーって
もともと俺パティシエになりたかったんだ
お菓子!?
だからしばらく調理器具とか貸してもらえると助かるんだけど
もちろんです！
あ！でも味見は私にさせてくださいね！

もちろん
成功するか
わからないけど
やったー！！
お菓子なんて
久しぶり！
……
できた！
名づけて
スライムプリン！
バーン

わ～
完成したんですね
まあ厳密にはプリンじゃないんだけどね
見た目重視ってことで
スライムそのままだとちょっと柔らかすぎるから徐々に水分を飛ばしていくことで…
いただきます！
パクッ
わっ
ドキッ
すごいっプルプルで甘くって
おいしい！

思えば他人から
お菓子を作ってほしいとか
ましてや
褒められるなんてこと
なかったなぁ
将太！
そんな女子どもの食べ物
作ってる暇があったら
握りの練習でも
しろい！
へへっ
自分の作ったお菓子で
誰かが笑ってくれんの
すっげえ
嬉しいなぁ

よしっ
マカロン
俺…
!
このお菓子また武器と一緒に売ってみようと思うんだ
え…でも
スライムを使った他のレシピも試してみたいんだ
だからマカロンにも手伝ってほしい!
はっ
はい!
よし! だったらスライム狩ってくる!
え 今からですか!?
数日後
ザワ ザワ
ザワ

バン!!
スライムで作ったお菓子いかがでしょうか!
団子にプリンクッキーもあるよ!

なんだ?
武器屋が
お菓子?
え スライムって
いったか?
おいおい
大丈夫なのかよ
それ食って
おっまた何か
面白いもの
売ってるな
あ!
あなたは
この前の
ふ~ん
今度は
スライムね
試しに1つ
もらおうか
プルーン
毎度!
スライム団子
2エモンです!

え？ちょっとホーリーさん
アーン
平気なの？スライム食べて…
んおっ！
モチャ モチャ モチャ モチャ モチャ モチャ
おいっ！
はっ…はい？
もう1つくれ
はい！ありがとうございます
……
ザワッ

ねえ
どんな
味なの…？
ジーッ
気になるなら
自分の舌で
確かめてみなよ
パクッ
パクッ
あま～い
外はモッチリ
してるのに
中は甘くて
トロトロしてる！
ザワ
ザワ
ザワ
これが
スライムなんて
信じらんな～い！
スライムは
加熱すると
弾力と歯ごたえが
増すみたいなんだ
柔らかいスライムの
周りを
硬いスライムで
コーティングして
食感に変化を
おいあんた！

俺にも
その団子くれ
俺も
こっちも
1つ!
俺は3つだ!
じゃあ私はその
スライムプリンを
はい
こちら
スライムプリン
でーす!
試しに
1個くれ
はい
3エモンです
ありがとうございます!
スライムクッキーも
いかがでしょうかー?
ママ
あれ買って~

ゴト
ゴト
ゴト
ゴト
ゴト
ゴト
む
おい！
なんの騒ぎだ
あれは
ワイ
ワイ
ワイ
ワイ
あれは以前
魚を売り出していた
非正規の武器商人の
店かと…
また何か
始めやがったの
かもしれませんぜ
ふん…
ありがとう
ございました！

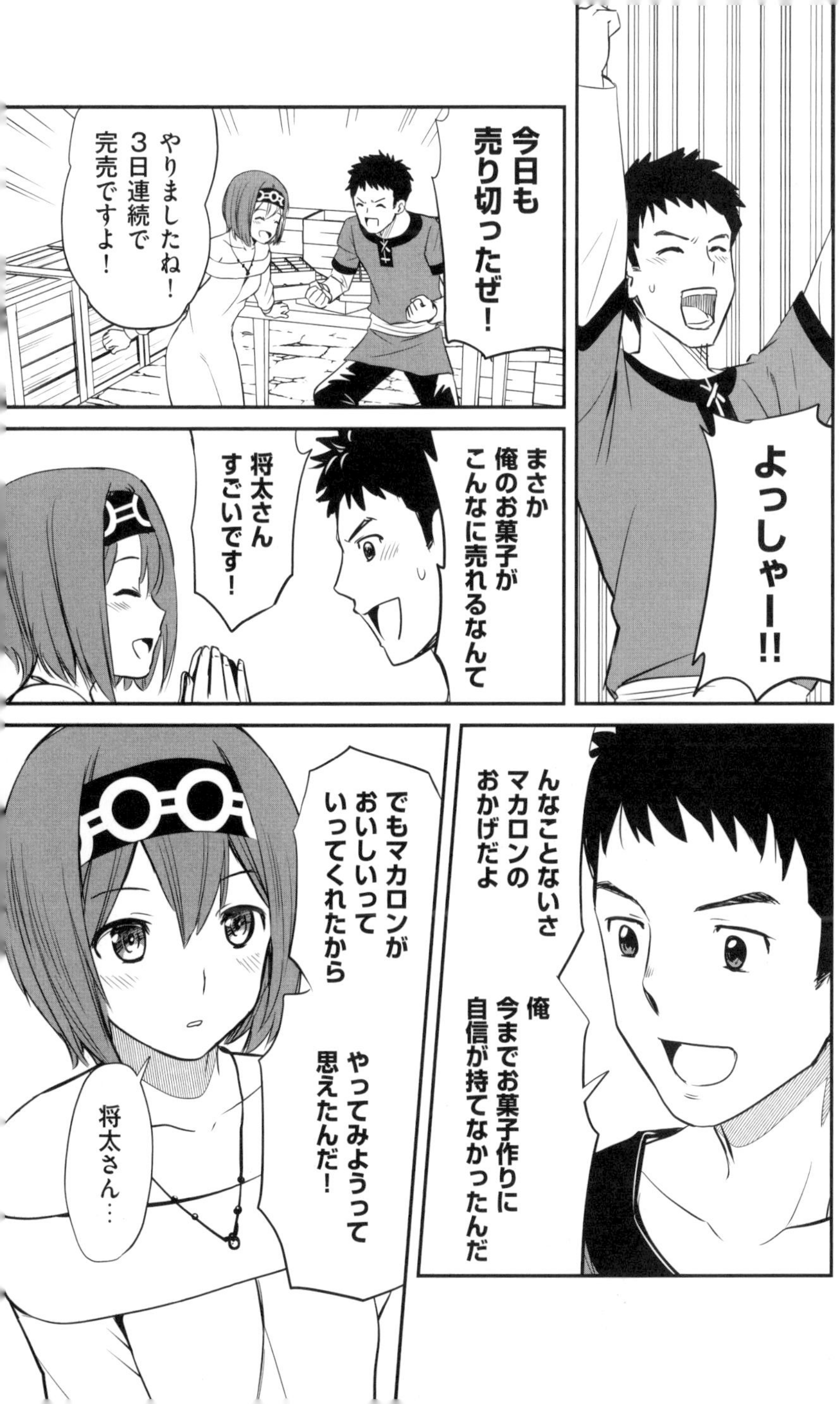
よっしゃー!!
今日も売り切ったぜ!
やりましたね! 3日連続で完売ですよ!
まさか俺のお菓子がこんなに売れるなんて
将太さんすごいです!
んなことないさ マカロンのおかげだよ
俺 今までお菓子作りに自信が持てなかったんだ
でもマカロンがおいしいっていってくれたから
やってみようって思えたんだ!
将太さん…

でも大丈夫でしょうか…？
何が？
また…
このアイデアも盗まれてしまうんじゃ…
う～んまあそうだろうなあ
ええ!? じゃあどうすれば…!!
またお客さん取られちゃいますよ…？
いや…
今度は諦めないって決めたんだ！
俺やっぱりお菓子作りが好きだから

この世界でパティシエを目指そうと思う!!
グッ
うわっ⁉
♬パラララッ♪
パッパッパ〜ン
ななんだって⁉
未熟なスライムパティシエ？サブジョブ追加って…？
サブジョブ追加！
将太は未熟な
スライムパティシエ兼
見習い武器商人になった
どういうことだ一体…？

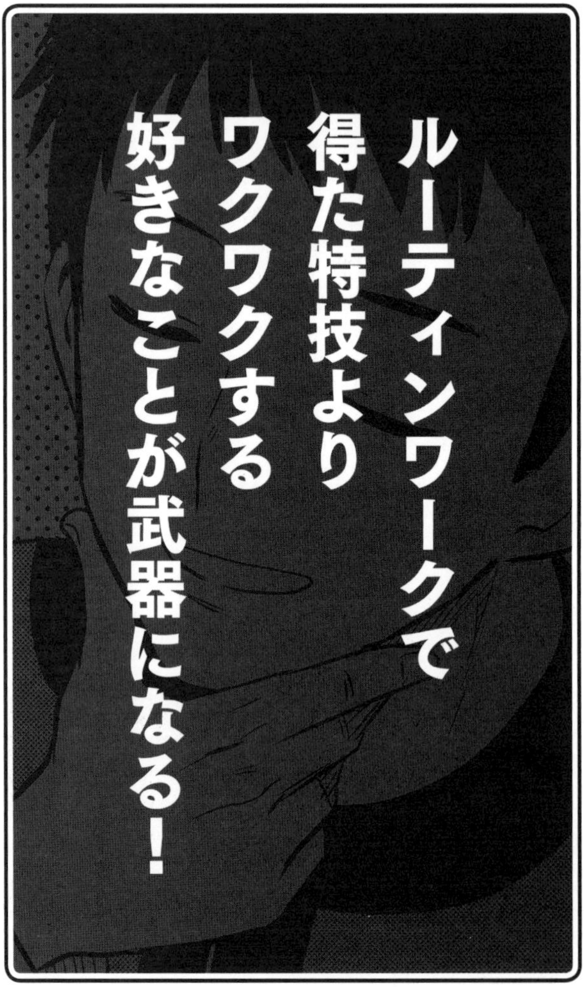
ルーティンワークで
得た特技より
ワクワクする
好きなことが武器になる！

「パクりやがって」という人は成功しない

食料を探しに、街の外のエンカウンターフィールドに出た将太だが、食料探しは思った以上に難航した。そのとき、池を跳ねる魚の存在にたまたま気づき、それを食べることを思いつく。そして、遊び人・ホーリーの助言を受け、将太は武器商人の傍ら、魚料理を売り出すことになった。現世の寿司職人見習いのときに身につけた料理の腕で副業してお金を稼ぐことを目指したのだ。

異世界では将太が作った魚料理は珍しかったらしく、飛ぶように売れた。将太も「これなら特技で飯が食っていけるな」と安心した様子だった。

しかし、その翌日。魚料理のアイデアは、ビター傘下の武器商人たちにパクられてしまった。しかも、低価格で売られたことで、将太の店に訪れる客がいなくなり、意気消沈。副業で稼ぐことを諦めた将太は「俺が最初に始めたんだぞ！　それをパクりやがって」と愚痴をこぼす。

これについては、将太のビジネスをパクったビターサイドを評価したい。というのも、**一番簡単な成功方法は、成功者の方法をパクることだからだ。**

多くの人は、なぜかオリジナルであることにこだわる。そういう人は、将太のように「自分が初めにやったのにパクられた」と怒ったり、逆に「先にやっている人の真似をするのは恥ずかしい」と行動するのに二の足を踏んだりする。

残念なことに、こういう精神の人が成功するのは難しいだろう。天敵がいるかもしれない海に、エサである魚を求めて最初に飛び込むペンギンをファーストペンギンという。しかし、リスクのあるファーストペンギンよりも、ファーストペンギンがリスクを取り除いてくれたうえに市場も開拓してくれた状態でそこに飛び込むセカンドペンギンのほうが、容易にエサをゲットできるはずだ。

ルーティンワークで獲得した特技など高が知れている

なお、将太が魚料理の提供を諦めてしまったのは、自分がファーストペンギンにならなかったからではないだろう。将太はそのことに無自覚な様子だが、根本的な原因は、将太が魚を料理してお客に提供することが、たいして好きではなかったからだ。

もし、それが心底好きだったらどうなるだろうか。Ｑｕｅｓｔ2の後半では、将太が遊びで作ってみたスライムお菓子がヒットする様子が描かれる。そこでマカロンから「このアイデアも盗まれてしまうんじゃ……」と心配されるが、将太は「今度は諦めないって決めたんだ！」と決意する。

魚料理と違ってお菓子作りを諦めない理由は、お菓子作りがただ好きだからだ。**好きであれば、多少の困難があっても、それを続けられるように努力や工夫をするだろうし、差別化だって自然と考えるようになる。**

この魚料理とスライムお菓子のエピソードは、パクられようが、多少稼げなくなろうが、心の底から好きなことであれば簡単には諦めないことを表している。副業などを勧める際、「特技をお金に」という人がいるが、本人が好きでもない、単にルーティンワークで獲得した特技など、高が知れている。気持ちも入っていないのだから、将太の魚料理と同様、障壁が少しできただけでも、諦めてやめてしまうだろう。

好きなことならば、時間も忘れてサルのようにハマる。そして、武器となるスキル・特技はその先でしか得られない。だから、ハマるほどの遊びを見つけるのが先決なのだ。

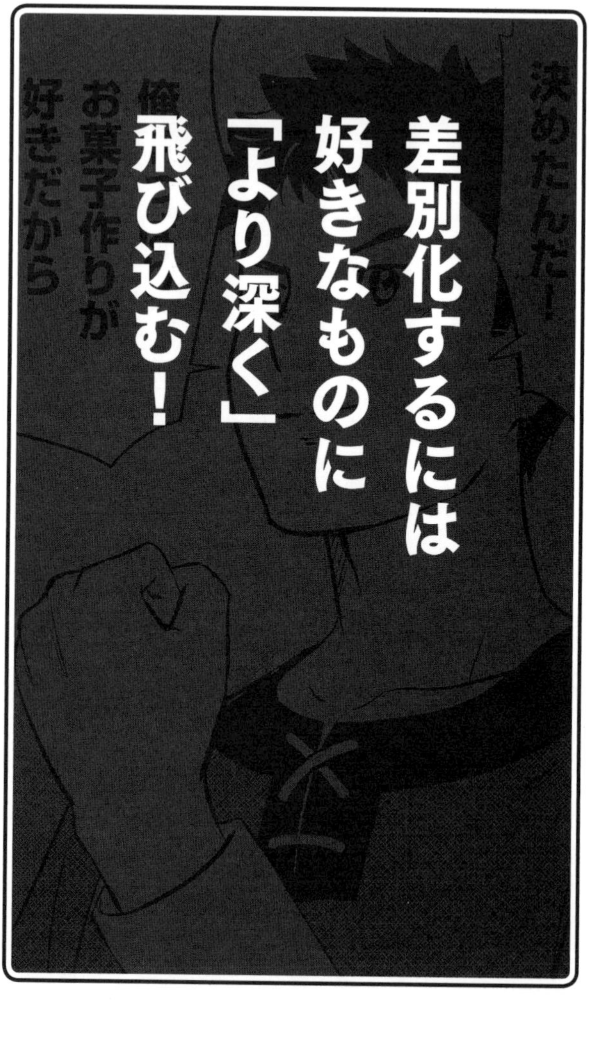
差別化するには
好きなものに
「より深く」
飛び込む！
決めたんだ！
俺
お菓子作りが
好きだから

パティシエじゃなくてスライムパティシエだから成功できた

ここで「はじめに」で紹介したマトリクス図に再び登場してもらおう（93頁）。現在Dにいる人は、まず何か1つ、サルのように没頭できるものを探そう。そして、その好きなものを突き詰めることが、Cに行くことにつながる。

その際、**「より深く」飛び込む**ことを意識しよう。すると、**差別化が進み、結果的に敵が少ないブルーオーシャンで戦うことができる**からだ。

マンガでは、パティシエを夢見ていた将太が異世界の中でハマったのは、スライムを使ったお菓子作りだった。彼は、お菓子の素材のなかでも、スライムという素材に魅せられて、スイーツを作って売ったところ、ブレイクした。

もし、そこらへんに自生している植物でスイーツを作っても、同業のお菓子屋さんに埋もれて、ここまで話題にならなかっただろう。将太のこの体験は、「より深く」飛び込んだことで、差別化ができ、成功した一例といえる。

なお、スイーツを引き継ぎ、現実の世界で考えられる別の例を挙げてみよう。たとえば、甘いものを食べてSNSで評論することが好きな人がいたとする。しかし、先行している有名なスイーツ評論家が幾人もいることに早晩気づくはずだ。

そこで、「スイーツのなかでも、コンビニやスーパーで売られているものに興味がある」と、好きなことを突き詰めていく。コンビニで売られているスイーツを専門に評論するのは、先のスイーツ全般を評論することよりも、狭くてニッチな市場だ。スイーツ全般の評論家よりも争いが少ないブルーオーシャンといえる。

好きな気持ちを濃縮させた狭い分野に

さらに、コンビニスイーツの中の、コンビニのアイスの評論家になりたいと思った人がいれば、もっとニッチな市場を狙うことになる。実際、「コンビニアイス評論家」を名乗って活動している人物に、アイスマン福留がいる。彼は、プレスリリースを勝手に流し、自分がコンビニアイス評論家であると宣言した。すると、メディアがコンビニのアイス商品を取り扱うときに、取材やコメントを求められるようになったのだ。人気テレビ番組の「マツコの知らない世界」にも出演するなど、知名度は上昇。「コンビニアイスといえばアイスマン福留」というニッチな分野でのブランドを確立することに成功した。

次代の働き方の座標軸はこう渡ろう

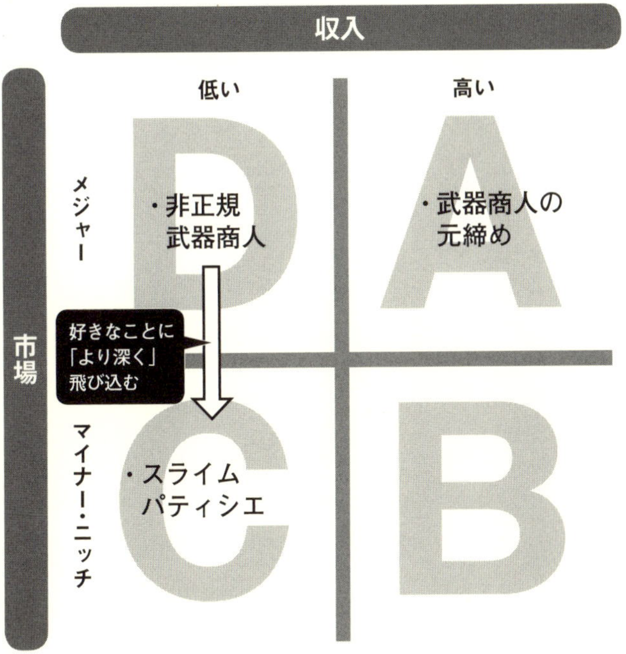

なお、スイーツの売り場や商品で絞っていったが、甘いものの評論が好きならば、「誰よりもスイーツをかわいく撮るスイーツインスタグラマー評論家」「どんなスイーツも15秒で食べて感想を述べるスイーツ動画評論家」など、「より深く」飛び込む方法はいくらでもある。**好きな気持ちを濃縮させた狭い分野に深く飛び込んでみよう。**

QUEST 02 Column

「なるほど……、かしこまりました。相変わらずの無茶ぶりでございますが、わたくし、このお役目のプライドにかけまして、世界の設定変更のお仕事を承らせていただきます」

……あ、これは失礼いたしました。ごきげんよう、天の声でございます。上役からの無茶ぶりメッセがちょうど入ってきまして、失礼いたしました。あの方、すぐにルールを変えようとされるんですよね。面白ければ良いと思ってらっしゃって、たまにはこちらの身にもなっていただきたいところでございます。

さて、将太さんは、魚を捕まえて売るということに踏み出されました。他の武器商人には思いつかなかった大きな一歩です。面白うございますね。まぁ、あの方も一枚噛《か》んではいましたが、踏み出す行動を取った方が偉いとわたくしは思うのです。

しかし、すぐにビターに真似をされ、ユニークな立場を失われてしまいました。魚を捕って、さばいて、焼いて、売ったりするのは、実はこの世界では、どなたでも簡単にできてしまうのでございます。どうして皆さん、これまでやられなかったんでしょうか。

さて、将太さんは真似をされたことで、魚を売ることを諦めましたが、好きだから作っていたスライムを素材にしたお菓子を売り出して大ヒットしました。ちょうど先ほど、上役から職業にサブジョブを追加できるようにせよ、という設定変更の指示をいただいたところでした。全く将太さん、運のいい方です。

こうして彼は、スライムパティシエというレアジョブをゲットしました。レアジョブを身につけた将太さんの活躍が楽しみでございます。どんなお菓子を作ってくださるんでしょう。わたくしも1ついただきたいところでございます。

QUEST 03

足し算と掛け算を使って名を上げろ

毎度ありがとうございます
またどうぞー！
うーん忙しいな
売り上げ好調ですね
まぁ武器はお菓子のついでで売れてるだけだけど
十分ですよまたお客さん取られちゃうかと思いましたけど

そう…
性懲りもなく
ビター傘下の
武器商人たちは
すぐにスライム菓子を
真似し始め
これも
ブームになった
しかし
スライムという
今まで馴染みのない
食材を持て余し
ただ固めて売るという
味気のないお菓子を
売り出すのが
せいぜいで
やがて
彼らのところから
客足も
遠のいていった
一方俺は
地道にスライム菓子の
レパートリーを増やし
新作を定期的に
売り出すことで
確実に売り上げを
伸ばしていった
新作を開発したり
売り上げの成績が良いと
サブジョブの
パティシエの
レベルがアップする
みたいだ
レベルアップ!
将太は
三流スライムパティシエ
レベル3になった
このまま
お菓子を売る
武器商人として
やっていけるかもな…
おい!
そこのお前!

誰の許可を得て
ここで商売
してんだ!?
ああっ!?
え・・・
きょっ
許可って…
ビター
なんでこんなところに…
ビターだ…
俺は非正規の武器商人だし…
ザワ
ザワ

んなの知るかよ！
スライム菓子だって!?
ビター様のシマで
勝手なことしやがって！
今度から
お菓子を売るのは
ワシの傘下の
正規商人の店だけ
とする
は？
聞こえねえのか？
もう菓子を売るのは
禁止ってことだよ！
お前のせいで
傘下の商人の売り上げが
落ちてんだ
勝手な商売はやめろ
ふざけんな!!

ガリッ
スライム菓子は俺が考案したんだ！取り上げる権利はない！
今いったことを取り消せ！
おいっ！やめろ…
こら！離せ！
ズルッ

ヅラだ！
ヅラ…
ヅラだぞ！
いや…あの

シャッ
この…!
底辺商人が!!
グパオーン!!

うぐっ
マ…！
マカロン！
だ 大丈夫ですか…？
ダラ…
この…！

ドゴッ
!!
よくも!!
ボォ
ビター様!
サッ
ド

お前…
このままじゃあすまないからな!?
おい!行くぞ!
ヅラ拾っとけ!
フラ
フラ
フラ
フラ
マカロン大丈夫か?
私は大丈夫…でも…
あいつビターを殴ったぜ
あぁ…こりゃ関わるとやベーかもな
ヘタすりゃ俺たちにもとばっちり来るぞ
しばらく大人しくしてよう
ザワ
ザワ
ザワ
もうあの店には関わらないほうがいいかもなぁ

なんだってんだ!!
スライム菓子は俺のアイデアなんだ
好き勝手されてたまるかよ
おアンタあのビターを殴ったってな？
ま～た面白いことやってくれるね
!
あぁいつかの
ってなんで知ってんだよ？
そりゃ知ってるよ
この世界でビターを殴る非正規武器商人なんていないもの
ちょっとした有名人だぜ？

そんなことで有名になっても意味ねぇよ!!
まぁまぁそう荒れんなって
ポン
悪名は無名に勝るっていうぜ?
悪いことばかりじゃないかもな
クソッ他人事だと思って!
これだから遊び人は

まぁ
こうなるよな
ポッツン
私のために
ごめんなさい…
いや
マカロンのせい
じゃないよ！
武器商人としては
最下層なことに
変わりなかったし
でも…
もうこの街では
商売が難しく
なっちゃいましたね…
この街では…か

よし！それだ！
街を出て商売の場所を変える！
え!?街を？
お菓子自体は売れることがわかったんだ！場所さえ変われば新しい客はきっといる
そうと決まれば準備だ
俺はお菓子作りをやめないぞ！

とはいうもののどこへ行くかな
マップを思い出さなきゃ…
北の港町・ニアはどうですか？
外から来る人も多いので悪い噂も知られていないと思います
それはいいね！
道すがら強いモンスターも出ないですし
マカロンはどうするの？
私は怪我が治ってないので長旅は…
そうか…そうだよな

俺頑張ってくるよ！
行ってらっしゃい！
やっと着いた…

ここが港町のニアか
ワイ ワイ
ワイ
さすがに人が多いな
エルフにドワーフありゃオークか
ワイ
ワイ
外から来るってこういうことか
まいいやとにかくやってみるか!
バッ

さぁ いらっしゃい いらっしゃい!
世にも珍しい スライムの お菓子だよ!
甘くて プニプニ 新食感!
ここでしか 買えないよ…
ハァ…やっぱ 人が多いからって すぐに繁盛する わけじゃないよな
考えが甘かったか… 俺の菓子なんて 本当は誰も…
やっぱ俺 向いてないの かもなぁ…
ねぇ ちょっと 商人さん!
ねぇってば!

うわぁあああ！
何よ！
人の顔見て
失礼ね
ねぇ
それ見せて
いいかしら？
何か面白そう
ど どうぞ…
スライムで作った
お菓子なんです
意外と
おいしそう
じゃない？
びっくりした…
リザードマンか
試食も
あるんで
よければ…

あらっ！いいじゃないこれ！面白い歯ごたえね！
何が面白いって！
これこれ！スライムよ！ス・ラ・イ・ム！
ズイッ
やですねそんなの食べて平気なんですか？
スライムで壊れるヤワなお腹じゃないわよ！それよりあんたも試してみなさいよ！試食あるって
ワイ
ワイ
ウホッ！いけるじゃん！
ワイ
では少しいただきますか？最近じゃ買って帰るお土産のネタも尽きてきたし…
他にも種類あるのでよければこちらもどうぞ
おなんだなんだ？
何騒いでんだ？
ゾロ
ゾロ
スライムのお菓子ですって！
ゾロ

お客さんも
いかがですか？
プルプル食感の
スライムお菓子！
おいしいですよ！
あいつ
ビター殴った
武器商人
じゃねーか？
くそ！
ここでもか…
人違いだろ
いや
間違いないって
ここまで逃げて
きたんだろ
もうここは
開き直ろう！
俺が悪い
わけじゃない！

そうだよ！
俺があのクソビターを殴ったんだ!!
あんなやつのいうことなんかに従ってたまるか！
シ――――ン
マジかよビターに喧嘩《けんか》売るなんて
やっぱ関わらんほうが良さそうだな
買うのやめよーぜ
……
ドス

せっかく風向きが変わり始めてたのに…ここもダメなのか…
ザッ
おいあんた！ビターを殴ったたってマジかい？
！
なんだ…？報復でもするのか？
もうどうにでもなれ！
だからそうだっていったじゃ——
!?
バン

アッハッハッハッハッ
よくやった!!
?
そうかそうか!
話だけは聞いていたが
あんたがあの噂の
スライム売りかい!
あいつに
赤っ恥かかせて
やったんだろ?
久々にスカッとしたぜ!
あんな粗野で
放漫な只人《ヒューマン》は
痛い目を見て
当然です
この辺のやつらも
大概一度は
ビターに煮え湯を
飲まされてっ
からよぉ

俺たちは船乗りだ
あんたを応援するぜ！
安心してここで商売してくれや！
あ…
ありがとうっ!!

なぁこいつが スライム菓子かい？ 俺にもくれよ
よーし！ 今日は挨拶代わりに 大安売り！ 大特価だよ！
待て待て！ 俺が先に 並んでたんだ！ まず俺が食う！
レベルアップ！
将太は三流スライムパティシエ
レベル10になった
将太は二流スライムパティシエに
進化した
お前がお菓子って ツラかよ
あのビターを コケにしたやつの 菓子だぞ？ 縁起がいいじゃねーか！
船乗りは 図体の割に ゲン担ぎするからな！
大丈夫！ まだありますから 慌てないで！

名刺作りよりもSNSを使って発信しよう

名刺よりもSNSアカウントのほうがいい理由

ここで再度、マトリクス図に登場してもらう（125頁）。Cに来た人が、Bに移って「結果的に」稼げるようになるにはどうしたらいいか？　答えは、**絞った狭い分野で、頭角を現すこと**だ。「この分野といえば君だ」といわれるように、知名度・認知度を高めると、ますます好きなことに没頭できる。

その際、肩書きを名刺に入れることから始める人がいる。それで本人の気持ちが入るのであればいいかもしれないが、自分がどのような人かを他人に知ってもらうために、名刺は不要だ。その代わりに、**フェイスブックやツイッター、インスタグラム、ユーチューブといったインターネットサービスを使って、自分の肩書きを発信するほうがいい。**

今はフェイスブックのアカウントさえ知っていれば、お互い電話番号やメールアドレスがわからなくても、つながることや仕事のやりとりをすることができる。紙の名刺は、大事なときに切らしてしまったり、家や会社に忘れたりすることもあるし、どこかに落として個人情報が流出する危険もある。SNSであれば、そういう心配もない。

昨今は、名刺をスキャンし、デジタル化するサービスも出てきている。しかし、そういうデータも、紙の名刺同様、〝デジタルコレクション〟になっていることも多い。次代では、名刺交換という意味のない旧態依然のビジネス文化が駆逐されることを願う。

掛け算ではなく足し算から始まる

なお、肩書きを名乗るだけでは嘘《うそ》になる。その分野で認知してもらうために、**インターネットツールで自分が好きなことをどんどん発信していこう。**

たとえば、昆虫が好きな人であれば、都内各所の自然公園に行き、昆虫を捕まえる様子を動画で配信してみる。出社前に、通勤途中に寄れる大きな公園に通い、捕まえた昆虫の写真をインスタグラムやツイッターでアップし続けるのもいいだろう。とにかく行動を起こし、発信し続け、認知度を高めていくことから始めよう。

その際、肝に銘じてほしいのは、**初めから掛け算を狙わないこと**だ。新しいことを始めるとき、人は誰もがゼロ地点に立っている。**ゼロにどんな数字を掛けてもゼロのままだ。成功へのショートカットで掛け算を狙うのではなく、小さなイチを足していこう。**

マンガでもスライムのお菓子を提供していた将太は、客が訪れなくなっても諦めなかっ

次代の働き方の座標軸はこう渡ろう

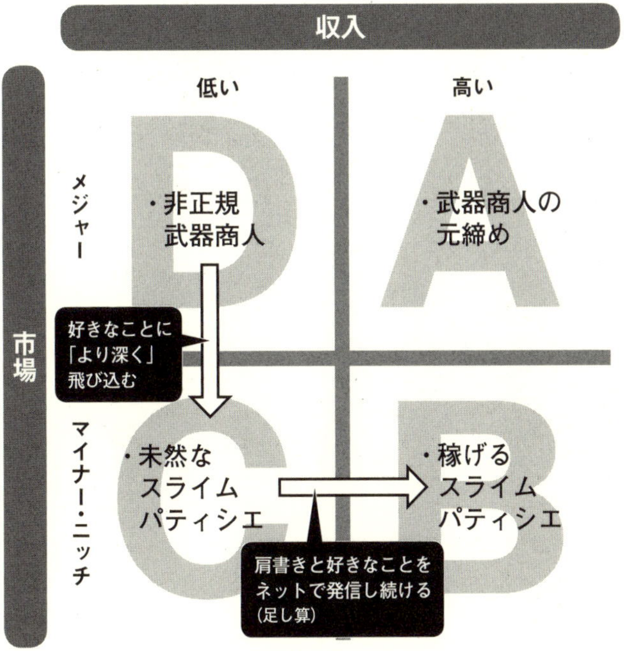

た。そして販売場所を「北の港町・ニア」に変えて、また最初からスタートした。将太のこの姿勢は、掛け算ではなく足し算といえる。

物事の出発は、掛け算ではなく足し算でなければならない。好きなことだからこそ、足し算から始めることが苦にならないともいえるだろう。

自由に生きるとは炎上することである

他人の人生ではなく自分の人生を生きるために

マンガでは、主人公がマカロンに暴力を振るったビターに怒りの鉄拳を食らわし、そのことで、「あいつと関わらないほうがいい」と噂が立ってしまった様子が描かれる。炎上してしまったのだ。実際、その後、将太の店には客が来なくなってしまうのだが……。

現実社会では将太のように暴力を振るってはいけないが、批判的な炎上に過剰反応をしていたら、何もできなくなってしまうだろう。とくに、何か新しいことを始めようとしたり、常識といわれていることからズレたことをしようとすると、知り合いや家族といった身近な人からも、「そんなことしないほうがいい」と止められることがある。場合によっては、親や友人さえ〝ブロック〟する必要がある。いちいち他人の反応や感情に過剰反応をしていたら、前に進めなくなる。

重要なのは、自分がどう思われるかではなく、自分が何をするのかだ。

僕は常に本音を吐き、自由に好きなことをして生きている。建前なんて、持ち合わせていない。だから、よく炎上している。つまり、自由に生きるということは、炎上することでもあるのだ。
一方、多くの人は、本音を包み隠して、空気を読み、建前で生きている。炎上を恐れて、他人の目を気にしている。
果たしてそれでいいのだろうか。僕はそんな他人の目を気にして生きる人生はごめんだ。それでは、自分の人生ではなく、他人の人生を生きることになってしまう。
マンガでも、将太は、武器商人という職業を無視して、熱中して作ったスライム製のお菓子を売った。武器商人の常識から外れたことをしてしまった結果、ビターから邪魔をされる。しかし、それでも将太の熱意は止められなかった。
僕も同じだ。批判されることがあっても、敵を作ることがあっても、それでも僕は、自由に生きることを選びたい。

炎上して熱狂的なファンができることも

マンガでは、炎上をして、酒場でくだを巻いていた将太に対して、遊び人・ホーリーが

「悪名は無名に勝るっていうぜ?」「悪いことばかりじゃないかもな」と助言を残して去っていった。

その後、結果はどうなったか。場所を移しても悪名はとどろいていたが、ビターをよく思っていなかった一部の船乗りの人たちからは賞賛を受け、支持された。

つまり、**炎上してでも本音を貫いたことで、熱狂的な味方・ファンができた**のである。

僕は、皆が味方になることをそもそも目指さない。9割の人に嫌われても、1割の人から好かれたり支持されればいいと考えるからだ。

仕事においてもそうだ。99人に嫌われても、1人のファンがいてくれたら、それだけでビジネスをすることができる。実際、月額864円のメールマガジンは有料メルマガ購読者数トップクラスだし、月額1万8000円のオンラインサロンには1000人を超える会員がいる。しかし、どちらも、日本の人口約1億2000万人のうち、1%すら獲得できていないのだ。つまり、100人中1人も必要ではない。1000人中1人のファンを得られればいい、くらいの気持ちでいる。

本音をいって炎上しても、「この考えが好きだな」「この人は面白い」「この人の行動には勇気づけられる」などと思ってくれる人が0・1%でも得られればそれで十分だ。

俺たちは船乗りだ
あんたを
応援するぜ！
お金は
必要なくなっていく

お金に囚われるな

ここで再度、マトリクス図に登場してもらおう（133頁）。

Quest2で、まずは、DからCに移るには、好きなことを突き詰め、「より深く」飛び込んでみることを勧めた。そして、Quest3では、CのポジションからBのポジションに移るには、その狭い分野で頭角を現すことに言及した。具体的には、インターネットで、肩書きに加え、好きなことをしている自分自身を批判や炎上を恐れずに発信するという足し算的な方法を勧めた。また、時には炎上すらも利用し、熱狂的なファンを集めるといった掛け算的な方法があることも紹介した。「この分野といえば君だ」といわれるポジションにつけば、ますます好きなことをして生きていけるからだ。

なお、マトリクスの横軸が収入であるため、ここまで読んできた読者のなかには、「収益の拡大はどうすればいいのか？」「大金を稼ぐにはどうしたらいいか？」といったことが気になっている人がいるかもしれない。

しかし、口を酸っぱくしていいたいのだが、**お金に囚われていてはダメだ。**僕は本書の冒頭でも次のようにいった。

大切なのは、大金を稼ぎ出すことでも、生活を維持するためにきゅうきゅうとした気持ちで働き続けることでもない。ただ、好きなことをして生きていく。それこそが、僕が提唱する働き方の新常識だ。

つまり、お金を稼ぐことに囚われず、好きなことをして生きていくことを目指す。これを忘れてはならない。

お金の価値は下がり、稼ぐ必要もなくなっていく

次代では、ＡＩやロボットの進化によって、人間は、労働的な仕事から解放される。生活に最低限必要なものをロボットが作り出してくれれば、お金を稼ぐ必要もなくなる。

また、ＡＩの進化を待たずとも、シェアリングエコノミーの拡大が進んでいる。高いお金を出して所有しなければならなかった住宅、車といったモノが、シェアサービスによって少なくなっている。ネットコンテンツの充実もあり、エンタメにお金を使う必要性も減った。フェイスブックがあれば、海外に行かずに世界の人々と交流できる。

つまり、**今はお金の価値が相対的に低くなっているの**だ。だからこそ、稼ぐことよりも、

次代の働き方の座標軸はこう渡ろう

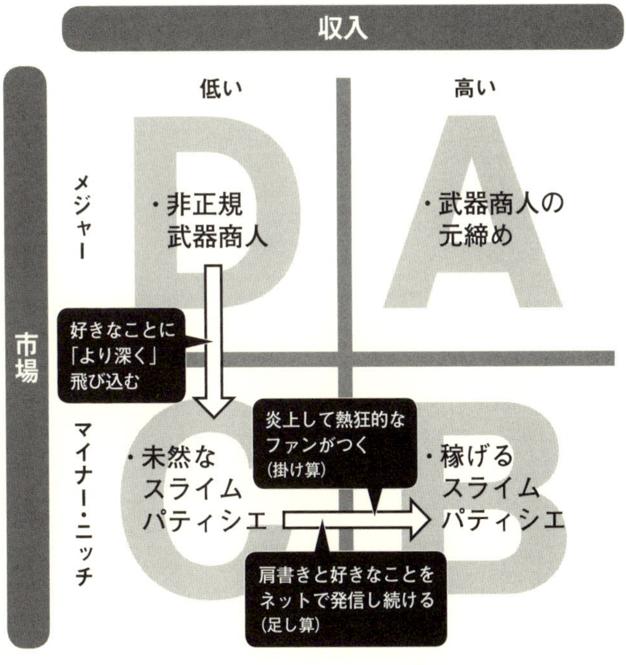

好きなことをして生きていく気持ちを大事にしてほしい。しかも、今からそれを始めれば、YouTuberやプロゲーマーといった職業が、広告費やアドバイザー代、イベント出演料で食える職業になっているように、「結果的に」稼げるようになるわけだ。

QUEST 03 Column

再び、天の声でございます。

将太さんのスライムお菓子は、どなたにも真似ができないようでございますね。彼のレベルアップをコールするのも、張り合いがございます。

順調かとは思っていましたが、敵もさるもの、あのビターさんは絵に描いたような悪役キャラにお育ちになりました。そして、見事な禿《は》げ頭をさらしてらっしゃいましたね。この点においてはわたくしもちょっと同情するところがございますが、怒り心頭のご様子でしたね。

皆さんの世界では炎上と申し上げるのでしょうか？　炎上好きなあの方が、また謎めいたことをおっしゃっておりました。

それでも、それをきっかけにマカロンから港町の情報を得られましたね。そうなんでございます。実はこの世界は広く、城下町以外にも、港町があったり、ドワーフやエルフのような亜人の方々がいらっしゃる場所もございます。非力な武器商人(もはやパティシエのレベルのほうが上ではありますが)が、最初の街だけで暮らすという決まりがあるわけでもございません。

さて、この世界におきまして、王様の御座《おわ》す城下町は人間の人口も多く、発展しております。反面、港町と違い外の世界との繋がりは弱く、亜人や文化の違う人間には住みづらくなっております。そのため港町にこそ色んな方々が集まります。さしずめ港は異国情緒溢れる環境といったところでございましょうか。

炎上した将太さんも、港町のニアでは人気者となられたようです。商売も繁盛し、結果的にサブジョブのレベルも向上。しかし、これまでも山あり谷ありで進んできた将太さん。果たしてこのまますんなりうまくいくのでございましょうか。

QUEST 04

行動して、熱狂を飛び火させよ

いらっしゃい
いらっしゃい！
世にも珍しい
スライムのお菓子！
国へのお土産に
いかがっすかー！
将太さん！
プリンもう1つ
追加です！
了解！
先日の炎上から
支援してくれる人も増え
二流スライム
パティシエ兼
見習い武器商人
として
うまくやっている

炎上商法ってやつか…たまたまだけどな
ねぇねぇ スライムのお菓子が作れるやつってあんた?
え?
ザリッ…
あっ! あのときの
かっ…かわいい

あんた どこでもお菓子作れるのよね？
え…あ…はい…調理器具があれば
ふーん…
あの…何か？
あんたの荷物はこれね
え？ちょっとちょっと
ゴソ
キュッ
!?

あんた
私と一緒に
来なさい！
え？　何？
トベラ
将太さん!?
行っちゃった…
今のってあの
ティラミス
だよな…
あぁ…

パァァァァ.....
シュン
うお!? どこだここ!?
うるさいわね ただの 転移魔法よ
ま 待てよ! どこに連れて 行こうってんだ?
ここよ もう着いてる

バーン!!
!!
ここは?
死の洞窟よ
え?
それって…
クエストレベル
20以上の
とこじゃん
一緒に行くの
無理!!
ダメ!!
ガッ

だって俺が行っても
何もできないじゃん！
だって私お菓子しか
食べられないもん！
へ？
だから私
お菓子しか
食べられないの
このクエスト
長いのよ！
食料がないと
死んじゃうでしょ
お菓子持っていくと
かさばるし干した肉とか
食べれないし
あんたが一緒に行って
お菓子作るのよ！
なんてわがままな…
でも食材が…
それは大丈夫！
あんたが
見たことないような
大きなスライムも
出現するの この洞窟は

どのみち私がいないと
あんた帰れないのよ
ここらへんのモンスター
強いんだから
来なさいよ
くそ…
俺の命も
ここまでかもな…

一方 最初の街
ゼロでは——

ええ⁉
将太さんが女の子と⁉

そうなんだ ティラミスって 有名な魔法使いとな
自分に何かあれば マカロンって子に 伝えてくれって いわれてたから
そんな… 戦えないのに クエストに…
将太さん… 大丈夫かな…
ぎゃあああああ あああっっっっ!!
――大丈夫 じゃなかった
ズシン
ズシン
ズシン

ちょっと！いちいちうるさいわよ！
そんなこといったって俺 武器商人だし！
ダダダダダ
ズシ
ズシ
ズシ
ズシ
武器商人？パティシエじゃないの？
一応本職は武器商人見習いだけど
そりゃあ俺だってなりたくてなったわけじゃないさ
でもここでは自分で職業を選べないしな
キョロ
キョロ
ふーん…じゃあ皆好きじゃないこと仕事にしてるのね
世の中そんなもんなんじゃないのか

でも実績積めば
サブジョブとして
追加できるよう
だからな
副業を
生きがいに
生きていくよ
ティラミスは
どうなんだよ
私？
ふーん…
私の
魔法使いは…
ブオオオオ
ババババ

天職よ！
モエロ！
ドーン
そんな簡単に倒せるなら早くやってくれよ…
魔力溜《た》める時間が必要なの
シュウウウ…

タッタッ
タ〜ン
クエストクリア！
死の洞窟の
アルテミスを倒した
タラララッ
レベルアップ！
ティラミスは二流の魔法使い
レベル10になった
ティラミスは
一流の魔法使いに進化した
サブジョブチェンジ！
将太は戦場の
二流スライムパティシエ
兼見習い武器商人になった
……
「戦場の」って ついたぞ…
ハー
とにかくこれで クエストクリアだな
生きて帰れて よかった
おかしいわね…
思ったより モンスターが 少なかったわ

え？ これで？
本来なら
倍の時間が
かかるはずよ
だからあんたを
連れて来たんだし
単なる偶然なら
いいんだけど…
ま いいや
お腹空いたし
帰る前に
なんか作って
ポン
人使い荒いな…でも
自分の仕事を
楽しんでやってる
人っていいなぁ
早く作れー！
プリン！
プリンが
いいわ！

北の港町・ニア
将太さん!
マカロン!
どうしてここに?
何?
カノジョ?
ちげーよ
もしかして
心配して
来てくれたの?
それも
ありますけど
大変なんです!

え？スライムが!?
はい…フィールドですごく減っていて
街の周りを探したけど全然いないな
溜めてたスライムも尽きてきたから
将太さんが戻ってきたときのためにスライムを集めておこうと思ったのですが
そっかありがとう…でもまぁ…
ちょっと待って

食材のスライムなら作れるわよ
マジで!?
うん マジで協力料100エモンでやってあげる
金取んのかよ!
当たり前でしょ私が大変なんだから
え?
見せてあげるから街の外に行くわよ
どうするんだ?
あったあった見てて
パァァァァ
モドル!

シュウウウウ…
ポーンッ
!!?
はいっ
ポイッ
スライムになってる…

え？なんで？
あんたたち知らないのね
大きなモンスターも元は皆スライムだったの
そこに色んな外的要因が加わって変態してモンスターになる
倒されたモンスターに限っては時間を戻す魔法でスライムに戻せるのよ
生き返りはしないけど
そんな設定だったっけ？このゲームは
エエ――ッ!?
ゲームって何？皆知らなかったの？武器商人ってバカばかりなわけ？まぁとにかく私が倒したモンスターをスライムに変えてあんたたちに渡せばいいのよ
おおっ
でも…それでしばらくは持つかもしれませんが

スライムが少なくなるってことはモンスターも減っていくのですよね？
そしたらお菓子どころかプレイヤーや私たち武器商人も失業です
たしかにそれもあるけどそれって平和になるってことでもあるわよね
でも私たちは武器商人です武器が売れないと生きていけません！
ねぇマカロン
俺たちは本当に武器商人しかできないのかな？

俺さ この世界に来てから 自分はやっぱり お菓子作りが好きって 気づいたんだ
武器商人からは 本職変更はできない みたいだけど
好きなことで実績を積めば サブジョブが 追加できるみたいだし
だからマカロンにも きっとジョブ追加は できると思うよ
マカロンには やりたいこと ないの？
将太さん…
わっ私… 本当は…

お…お…
お花屋さんになりたい!!
メインジョブチェンジ！
マカロンは
見習い武器商人から
見習い花屋に変わった！
え？
メインジョブチェンジ!?
嘘!?
将太さん！
マカロン…その格好！

服が変わってる！花まで持ってる
サブジョブの追加じゃなくて？
実績も積んでないのに…
なんかなっちゃいました!!
今日から私はお花屋さんです！

もしかして
名乗ればなれるん
じゃないのか？
ザワ
名乗ったもん
勝ちってことか？
ザワ
ザワ
だったら俺も…
俺は服屋になりたい！
俺は
絵描きに
なりたい！
俺は芸人だ！
パァァァ…
メインジョブチェンジ！
ヘッジは二流の船乗りから
駆け出しの服屋に
変わった！
メインジョブチェンジ！
トニーは見習い船乗りから
食えない絵描きに
変わった！
メインジョブチェンジ！
メロは三流よろず屋から
売れない芸人に変わった！

本当に皆変わった
……
ティラミスは天職っていってたけど本当になりたいものはないのか？
いったでしょ!? 私は魔法使いが天職よ！
まぁ本当は魔法使いのコスチュームで敵をフルボッコする魔法少女になりたかったけどね…
ボンボン
ん？
パァァァ…
キラ
キラ
キラ
きゃ――――!!!

ティラミス…
その格好は…
いいでしょ!?
幼い頃からの
夢だったのよ！
魔法は
使えるの？
え…あっ!! あれ？
魔法が使えなく
なってる！
でも前より
体が軽くなってる！
バサ
バサ
バサ
魔王様
よかったんですか
メイン
ジョブチェンジを
許して

ああ　いいんだ
それに俺が世界のシステムを変えなくてもいずれメインジョブチェンジができるようになってたさ
遊び人改め魔王兼ゲームマスター
ホーリー
しかしサブジョブを追加できるようにしてもプレイヤー含め誰もしなかった
あいつは早々と行動したよ
間違いない！あいつも俺と同じ転生者だよ

でもティラミスが魔法少女って意外だな
笑いすぎよ
そういうあんたこそ他にないの?
そうそう将太さんは今のままでいいんですか?
俺?俺は…
好きなことして今を生きていくだけだよ

遊びの向こうにしかない チャンスをつかめ

オンラインサロンは行動する人間に変われる場

マンガでは将太に影響され、武器商人や船乗り、よろず屋たちが、なりたかった職業に転職する様子が描かれる。

このように、我慢をせずに行動する人は、周りに影響を与える。これまで押さえつけられていた「欲望力」を、周りの人も復活させることができるのだ。

そういう意味では、近年、注目を浴びているオンラインサロンを利用するのも手だ。オンラインサロンとは、月額会費制のWeb上で展開されるクローズドなコミュニティのこと。有料会員のみが閲覧・書き込みできるSNSを使っているので、アンチユーザーや外部からのやっかみや邪魔がない。僕のような実業家以外にも、作家・ブロガーといったインフルエンサー、デザイナーなどの専門的な知識を持つ人が主催・運営している。

オンラインサロンは、主催者から一方的に学ぶ場というよりも、主催者や参加者とともに行動を起こし、ともにレベルアップしていく場と考えたほうが適切だ。

実際、僕が主催するオンラインサロン「堀江貴文イノベーション大学校（HIU）」は、会員たちがリアル（オフライン）に集うイベントが盛りだくさんだが、会員は僕以上に主体的にイベントや企画を立ち上げ、ビジネスになっている例も山ほどある。

こういったオンラインサロンに所属する一番のメリットは、行動する人に影響を受け、自分が行動する人間に変われることだ。熱狂は伝播《でんぱ》する。HIUもそうで、行動を起こし失敗する人もいるが、その失敗をメンバーが気にしたり、嘲笑《あざわら》ったりしない。そのため、会員たちは自分のやりたいことに何度もトライする。HIUには、本書で扱うマトリクス図でいうところのCとBにいる人しかいないのだ。

もし本書を読みながらも、行動するのに二の足を踏んでいたら、一度HIUなどのオンラインサロンに所属し、活動する人々の影響を受けてみるといいだろう。

さらに、**オンラインサロンのようなコミュニティは、「好き」を仕事にしていくことで、今後、自分が主催する立場になることもあり得る。**マトリクス図でいえば、Bのポジションに行った人が、さらに活躍を広げるのに役立つツールだ。

人生に折り合いをつけるな

一方、Dにいる人は、CやBにいる人を冷笑することも多い。「遊びを仕事にしようとするのは、人生の折り合いをつけていないからだ」といいたいのだろう。

しかし、人生に折り合いをつける必要はない。友人である西野亮廣くんの言葉を借りれば、**「折り合いをつけない方向で可能性を探る」ことが大事**なのだ。実際、僕や僕の周りには、人生に折り合いをつけて生きている人はいない。

僕の仕事も、中学1年の頃に買ってもらったパソコン遊びにハマった結果、始まったものだ。遊んだ結果、独学でプログラミングを覚え、そしてお金を稼げるようになり、その延長でオン・ザ・エッヂ（のちのライブドア）を起業した。僕は「折り合いをつけてパソコン遊びをやめて就職しよう」とは思わなかった。遊びを突き抜けたから成功したのだ。

こういった経験を通じて、学んだことがある。それは、**新たなチャンスは遊びの向こう側にしかないということ。**

僕がＨＩＵをやっているのも、遊びをやめないためだ。最近は、サロンのメンバーと一緒に「ゼロの郷」という村作りを手がけている。大自然の中で村を作るのだが、原木しいたけを育てたり、イノシシ対策に電気柵を作ったり、養蜂を試みたりしている。

面白いと思ったから始めた村づくりだが、ここでイベントを行うことや宿泊プランを提供することで、今後、本格的に仕事になるかもしれない。「ヘリポートを造れないか」といった話まで出てきているのだが、これも遊びの先に見えた新たなチャンスだ。

バカが世界を変える

バカにとって世界はイージーモード

マンガで、将太は最後にマカロンから「今のままでいいんですか？」と聞かれた際、後先を考えず、「俺は好きなことして今を生きていくだけだよ」と答えた。遊び人改め魔王のホーリーが彼を面白がったのは、将太がこのように**シンプルなバカ**だからではないだろうか。

将太は、物語の前半、しょぼい武器が売れないと、街の外にある敵が出現するエンカウンターフィールドに出てしまった。しかし、その結果、売り物になる魚の存在に気づいて商売を始めることができたし、のちに専門のパティシエとなるスライムの味を知ることができた。バカでなければ、どんなに腹を空かしてもモンスターであるスライムを舐《な》めたりはしないだろう。

このように、バカは考える前に行動を起こしてしまう。しかし、そのため**得られる経験値が圧倒的に高くなる**のだ。

小利口な人は、どうしても行動する前に後先を考えてしまう。「どうすればヒットを打てるのか？」、そう考えているうちに、バカは何度もバッターボックスに立ち、三振を恐れず直感でバットを振り続ける。結果、バットを振る人間だけがヒット、つまり成功をつかめるわけだから、バカが成功をかっさらっている。

異世界でバカを開花させた将太だが、**バカにとっては、現実世界もマンガで描かれた世界同様、イージーモード**といえる。行動した人間が、成功を独り占めしているのだ。

あなたが行動を起こせば、世の中だって変えられる

最後に171頁のマトリクス図を見てほしい。

Bに来た人が好きなことをして生きていくとどうなるかは、マンガを読んできた読者ならばわかるだろう。自らが新たなチャンスをつかむだけでなく、Dにいる人やCにいる人、そして時にはAにいる人にまで「私もあのように生きたい」と思わせ、行動を誘発させる存在になるのだ。

あなたが好きなことをして生きていけば、あなたの周りの人も好きなことをして生きていける。つまり、あなたが行動を起こせば、世の中だって変えられるのだ。

ここまで読み進めていただいたのならば、ぜひ、描（書）かれてあったことを知識とし

次代の働き方の座標軸はこう渡ろう

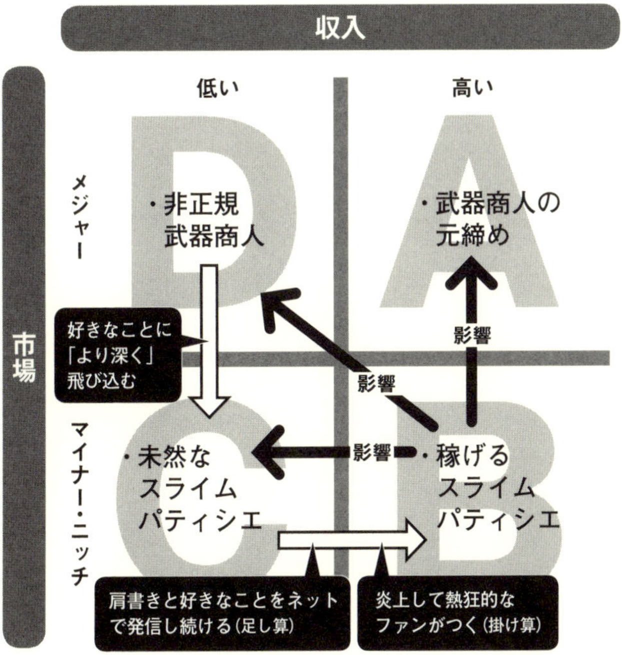

て頭にしまい込むのではなく、本を閉じたらすぐに行動することから始めてほしい。本書が、その一歩を踏み出す後押しとなることを切に願う。

QUEST 04 Column

天の声でございます。
将太さん、今度はお菓子大好きの魔法使い・ティラミスに連れられて冒険に出かけられました。通常、ノンプレイヤーの武器商人はこうした冒険には同行しないものございますが……。
彼女の誘い方はちょっと強引でらっしゃいましたが、これはプレイヤーによる「パーティーリクエスト」というスキルでございまして、プレイヤーが一定以上のジョブレベルになると使用可能となります。
さて、この世界もすぎたるは及ばざるがごとし、お菓子にするためのスライムを局地的に取りすぎてしまったため、近隣のモンスターが減少。モンスターが減ったことで、余っていた武器商人たちは、ますます困ったことになりました。

ただ、救いがないわけではございません。と申しますか、魔王様より、先ほど「ジョブの転職制限を取っ払っておけ」と無茶ぶりをされまして、名乗れば誰でも転職できるように設定変更をさせていただきました。
将太さんたちは、早速それに気づかれたようですね。あのティラミスが、基本的に魔法は使わずにステッキで殴打、サブミッションによる攻撃を得意とする魔法少女になりたかったのは驚きですが、様々なジョブが生まれることで、この世界ももっと面白くなることでございましょう。
最後に将太さんはマカロンに「俺は好きなこととして今を生きていくだけだよ」と答えておりましたが、果たして見習い武器商人の肩書きはなくなったのでしょうか？　スライムパティシエのジョブ一本で行くのでしょうか。それに魔王様との関係は？
それはまた別のお話。

STAFF
企画・編集●中野一気・松村バウ（中野エディット）
シナリオ制作協力●水谷 健、菊池 健（オンラインサロン「ネットマンガラボ」）、椿 清美
コラム執筆協力●菊池 健（オンラインサロン「ネットマンガラボ」）
キャラクター原案協力●とりまる
カバーデザイン＆本文デザイン DTP●塚原麻衣子
Special Thanks!●水谷 健、bookish、
菊池 健などのオンラインサロン「ネットマンガラボ」会員の皆様

マンガ版
「好き」を仕事にして生きる
（まんがばん　「すき」をしごとにしていきる）
2019年4月10日 第1刷発行

著　者	堀江貴文
シナリオ制作	中野一気
作　画	備前やすのり
制作協力	ネットマンガラボ
発行人	蓮見清一
発行所	株式会社宝島社 〒102-8388 東京都千代田区一番町25番地 電話：営業　03-3234-4621 編集　03-3239-0646 https://tkj.jp
印刷・製本	サンケイ総合印刷株式会社

ISBN 978-4-8002-8788-5